DELIUS KLASING

Susanna & Herman Mills

Mountainbiking

Ratgeber
zu Ausrüstung und Technik

Delius Klasing Verlag

Titel der englischen Originalausgabe:
MOUNTAIN BIKING – THE ESSENTIAL GUIDE TO EQUIPMENT AND TECHNIQUES
veröffentlicht bei New Holland Publishers (UK) Ltd., London

Die Deutsche Bibliothek - CIP-Einheitsaufnahme

Mountainbiking: Ratgeber zu Ausrüstung und Technik /
Susanna und Herman Mills.
[Aus dem Engl.von Thomas Rögner]. –
1. Aufl. – Bielefeld: Delius Klasing, 2002
Einheitssacht.: Mountain biking <dt.>
ISBN 3-7688-1329-0

1. Auflage
ISBN 3-7688-1329-0
Die Rechte für die deutsche Ausgabe liegen beim
Verlag Delius, Klasing & Co. KG, Bielefeld

Aus dem Englischen von Thomas Rögner
Layout: Gillian Black
Zeichnungen: Danie Jansen van Vuuren
Einbandgestaltung: Ekkehart Schonart
Printed in Singapur 2002

Delius Klasing Verlag, Siekerwall 21, D – 33602 Bielefeld
Tel.: 0521/559-0, Fax: 0521/559-113
e-mail: info@delius-klasing.de
www.delius-klasing.de

Dank

Der Verleger dankt dem Fotografen Jacques Marais und den Personen und Einrichtungen, die zur Entstehung dieses Werks beigetragen haben: Gui Gouws, Indola Apparel, Hopkins Cycle Inn, das Sports Science Institut Kapstadt), Dirtopia (Greyton) und das Montagu Tourism Board.

Dank der Autoren

»Des Menschen Herz erdenkt sich seinen Weg; aber der Herr allein lenkt seinen Schritt«. Sprüche Salomo 16, 9
Wir widmen dieses Werk unseren Eltern, Justinus und Embencia Mills und Kenneth und Betty Morrison, die uns beigebracht haben, an uns selbst zu glauben und uns soviel fürs Leben mitgegeben haben – Geist, Moral und Bildung. Jetzt sind wir selbst Eltern und wissen das umso mehr zu schätzen! Wir danken auch Ian Martin, Sportwissenschaftler, Trainingsexperte und Rennradfahrer, der das Kapitel 5 beigesteuert hat. Wir werden dich schon noch zum Biker machen...
Natürlich danken wir auch dem Redaktions- und Layout-Team von Struik New Holland, die unser Manuskript zu einem bemerkenswerten Buch gemacht haben. Ihnen und allen anderen, die dazu beigetragen haben, herzlichen Dank.

Inhalt

So geht's los

Egal, aus welchen Gründen Sie aufs Rad steigen, Mountainbiken befriedigt gleichzeitig mehrere Ihrer Bedürfnisse.

Wo alles begann

Mountainbiken hat seinen Ursprung in den frühen Siebzigern in Kalifornien, und Mount Tamalpais – auch bekannt als Mount Tam – gilt als die Geburtsstätte des Mountainbikens. Tausende von Fans sind zu diesem magischen Berg gepilgert und haben damit den Pionieren die Ehre erwiesen, die sich mit ihrer Phantasie und Entschlossenheit gegen die Meinung der etablierten Fahrradwelt stellten. Sie bauten alte Cruiser und Ballonreifen-Räder in Bikes um, die den härtesten Geländebedingungen widerstanden. Männer wie Gary Fisher, Charlie Cunningham, Keith Bontrager, Tom Ritchey und andere werden als Gründer des Sports verehrt. Ursprünglich karrten sie ihre Bikes auf Lastwagen auf den Berg, um dann hinunter zu rasen. Die alten Nabenbremsen der Räder wurden bei den Abfahrten so heiß, dass das Fett in ihnen schmolz und die hintere Nabe vor jeder Abfahrt erneut geschmiert (»repacked«) werden musste. (Ein legendärer Downhill des Pine Mountains heißt heute noch Repack). Diese Retro-Bikes waren schwere Clunker ohne Gangschaltung, die mit abmontierten Teilen kleiner Motorräder und Mopeds getunt wurden. Bald kamen die Fahrer auf die Idee, auch bergauf zu fahren, um beweglicher zu werden. So wurden in Garagenwerkstätten die ersten geländetauglichen Räder mit mehreren Gängen gebaut, aus denen sich die heutige Bike-Industrie entwickelte.

Die frühen Pioniere wie Gary Fisher setzten ihre Phantasie und Entschlossenheit gegen die etablierte Fahrradwelt.

Als diese Geländefahrräder immer beliebter wurden, stellten sich auch Komponentenfirmen auf den neuen Trend ein. Bald gab es Mountainbike-spezifische Gruppen, und immer mehr Hersteller sprangen auf den Zug auf.

Derzeit werden fünf Mal soviel Mountainbikes wie Straßenräder verkauft. Aber seit 1970 hat sich vieles verändert. So kann man heute ein qualitativ hochwertiges Fullsuspension-Bike mit Scheibenbremsen und leichten, aber haltbaren Komponenten aus exotischen Aluminiumsorten relativ günstig im Vergleich zu einem normalen Straßenrad erwerben. Es gibt nur wenige Vorschriften im Sportbereich. Der Leistungsunterschied zwischen Freizeit- und Profifahrern ist so hoch, dass Amateure und Profis durch ein Lizenzsystem getrennt sind. Durch das Spezialistentum im Sport werden die Ansprüche und Leistungen weiter nach oben geschraubt, so dass auch die Industrie darauf reagieren muss. So werden die Komponenten und Rahmen, und damit auch die Ausrüstung für den Durchschnittsbiker, immer weiter verbessert.

Rechts: Beginnt man erst einmal mit dem Biken abseits eingefahrener Wege, wird jede Tour zum Abenteuer.

Die Ausrüstung

Obwohl sich Mountainbikes aus den Fat-Tire-Cruisern der Sechziger Jahre entwickelten, ging der Fortschritt so schnell, dass viele die Technik mit der Formel 1 im Automobilsport vergleichen.

High-tech-Rahmenmaterialien

Ein Fahrradrahmen muss Belastungen verschiedenster Ursprünge widerstehen. Brems- und Antriebskräfte und Schläge des Untergrunds sind nur einige der Kräfte, die das Rahmendesign beeinflussen. Die Kombination aus Material, Konstruktion und Gestaltung des Rahmens soll ein möglichst effizientes und zuverlässiges Rad hervorbringen.

Aluminiumlegierungen

Mehrere Hersteller produzieren eine Vielzahl von Aluminiumlegierungen. Firmennamen wie Easton, Alpha, Columbus und Reynolds stehen auf einigen Rohrsets. Einige Bikehersteller lassen Rohre nach ihren eigenen Spezifikationen herstellen. Sorgfältig designte Aluminiumrahmen besitzen mehrere Vorteile: Sie sind leicht, unempfindlich gegen Korrosion und relativ günstig. Sie sind zudem leicht herzustellen, weil sich Aluminium ziehen, fräsen oder in fast jede Form pressen lässt. Der fertige Rahmen weist eine hohe Festigkeit auf, was vor allem für Fullsuspensionbikes absolut entscheidend ist. Dies zeigt sich vor allem an Oversized-Rohren mit großen Durchmessern, wie sie beispielsweise Cannondale und zahlreiche andere Firmen verbauen. Aluminium, in seiner Rohform von Aluminiumoxid, ist zudem eine der am häufigsten vorkommenden Metallsorten der Welt.

Wann sollte man tunen?

Warum und wann man sein Bike tunen sollte, hängt davon ab, wie oft und wozu man es benützt. Falls Sie Mountainbiken über alles lieben und viele Touren unternehmen, möchten Sie vielleicht das beste Material, das erhältlich ist, um Ihre Freude und Ihre positiven Erfahrungen möglichst noch zu steigern. Vielleicht wollen Sie sogar Wettbewerbe bestreiten, und dafür brauchen Sie nicht nur einen leistungsfähigen Körper, sondern auch ein Bike, das höchste Ansprüche aushält.

Verbundmaterialien

Verbundmaterialien wie Carbonfasern und Kevlar haben sich als brauchbare und zum Teil erfolgreiche Werkstoffe für Rahmen und Komponenten herausgestellt. Der größte Vorteil des Rohmaterials besteht darin, dass der Hersteller sie je nach spezifischen Anforderungen an das Material bearbeiten und einsetzen kann. So entstehen bemerkenswert leichte Rahmen und da man Verbundstoffe meist in einer Gussform verarbeitet, entfallen Beschränkungen eines vorproduzierter Rohrsatzes. Mit Carbon können Rahmen in jeder Form und jedem Design gebaut werden, das sich der Ingenieur vorstellt. Der größte Nachteil der Verbundrahmen aber ist, dass sie kaum zu reparieren und empfindlich gegenüber Einflüssen wie Chemikalien sind. Zudem gestalten sich die Herstellungsmethoden oft kompliziert, wie bei Treks OCLV-Technik (Optimum Compaction Low Void = Optimale Verdichtung ohne Lufteinschlüsse). Ein Carbonrahmen ist zwar teuer, aber leicht und haltbar.

Rahmen der nächsten Generation

Der letzte Trend besteht darin, Rahmen aus einer Vielzahl unterschiedlicher Materialien zu bauen. So benützt Cannondale beispielsweise ein Aluminium-Gerüst oder Rückgrat, das mit einer Haut aus Carbonfasern überzogen wird. Raleigh verbaut Carbonrohre, die mit Titanmuffen

Rechts: Downhill oder Cross Country? Ausdauer oder Geschicklichkeit? Bevor Sie Bike und Ausrüstung kaufen, sollten Sie sich entscheiden, wie Sie es einsetzen wollen.

verklebt werden. Carbonrahmen mit einer Honeycomb (Waben)-Struktur zwischen mehreren Schichten ergeben widerstandsfähige, leichte, noch erschwingliche Rahmen.

Stahllegierungen

Stahl war früher das traditionelle Material für den Fahrradbau. Firmen wie Reynolds, Columbus, Tange und True Temper stellen immer noch Rohrsätze in hochwertiger Qualität für Fahrradrahmen her. Einfache Stahlrohre werden zumeist für Einsteigerbikes verwendet, während bei High-End-Bikes Chrom-Molybdän und Chrom-Mangan-Legierungen mit unterschiedlichen Wandstärken (butted) zum Einsatz kommen. Obwohl er nicht mehr in Mode ist, besitzt Stahl doch einige hervorragende Eigenschaften. Ein Stahlbike fühlt sich durch seine Federungseigenschaften lebendig an und sein außergewöhnliches Gewichts-Festigkeits-Verhältnis wird in einigen Bereichen nur von Titanlegierungen überboten. Zudem kann man Stahl, im Gegensatz zu anderen exotischen Materialien, leicht reparieren.

Ein modernes Mountainbike ist die Summe zahlreicher technischen Entwicklungen. Eine der innovativsten Konstruktionen ist Cannondales Lefty-Gabel mit nur einer Gabelscheide. Besseres neues Equipment bringt einfach mehr Spaß.

Titanlegierungen

Erste Wahl für leichte Rahmen höchster Qualität sind Titanlegierungen. Denn Titan ist nicht nur mindestens so gut wie die besten Stahllegierungen, sondern auch noch resistent gegen Abnutzung und Korrosion, und sieht zudem auch noch hervorragend und nach High-tech aus. Diese Rahmen sind sehr teuer, aber auch extrem haltbar.

Die Bauweise eines Mountainbikes

Ein modernes Mountainbike zeichnet sich durch seinen speziell designten Rahmen aus – gebaut, um mit den härtesten Beanspruchungen des Bikens fertig zu werden.

Rahmen und Lenker

Um das Handling zu erleichtern, findet man an einem Bikerahmen »entspannte« Winkel. Der Rahmen sollte auch kleiner sein als ein Rennradrahmen für die gleiche Körpergröße. So kann man die optimale Fahrposition fürs Offroad-Biken einstellen und hat eine erhöhte Beweglichkeit für raues Terrain.

Gerade Lenker mit Lenkerhörnchen sind nun Standard, in letzter Zeit haben sich nach oben geschwungene Lenker für eine aufrechte, komfortablere Sitzposition, aber auch als Modeerscheinung, immer mehr eingebürgert.

Gangschaltung und Bremsen

Um fast jede Steigung bewältigen zu können, weisen Mountainbikes extreme Übersetzungsverhältnisse auf. Die Schaltsysteme haben in den letzten Jahren eine beträchtliche Evolution hinter sich, GripShift und Rapidfire sind die derzeit bekanntesten Systeme.

Auch Scheibenbremsen – mit hervorragenden Bremsleistungen – wurden in ähnlich schnellem Tempo entwickelt und sind mittlerweile an High-End-Bikes als Standard oder optional erhältlich. Aber auch die traditionellen Felgenbremsen punkten mit guten Verzögerungswerten.

Kurbeln und Schaltwerke

Normalerweise bestehen Kurbeln aus einer kaltgeschmiedeten oder gegossenen leichten Aluminiumlegierung, können aber auch aus Verbundmaterial mit Metallverstärkungen an den stark belasteten Punkten hergestellt sein.

Die Funktion der Schaltwerke richtet sich nach der Zahl der Gänge, die von den Schalthebeln gesteuert werden.

Sattel

Obwohl der Sattel einer der wenigen Punkte darstellt, an dem Sie direkten Kontakt mit Ihrem Bike aufnehmen, rüsten viele Hersteller ihre Räder mit minderwertiger Qualität aus. Hier sollten Sie das Beste kaufen, was erhältlich ist. Moderne, nach anatomischen Gesichtspunkten gestaltete Sättel bieten Frauen und Männern mehr Komfort und verhindern Verletzungen und Druckstellen.

Pedale

Pedale gibt es mit Kunststoffhaken und Riemen, mit denen man den Fuß festschnallen kann. Klickpedale verbessern die Kraftübertragung erheblich, dafür benötigt man aber entsprechende Schuhe.

Laufräder

Immer beliebter wurden spezielle Hochleistungslaufräder mit geringem Gewicht – doch sollten Sie nicht Ihre Sicherheit gefährden, um ein paar Gramm an der Ausrüstung zu sparen.

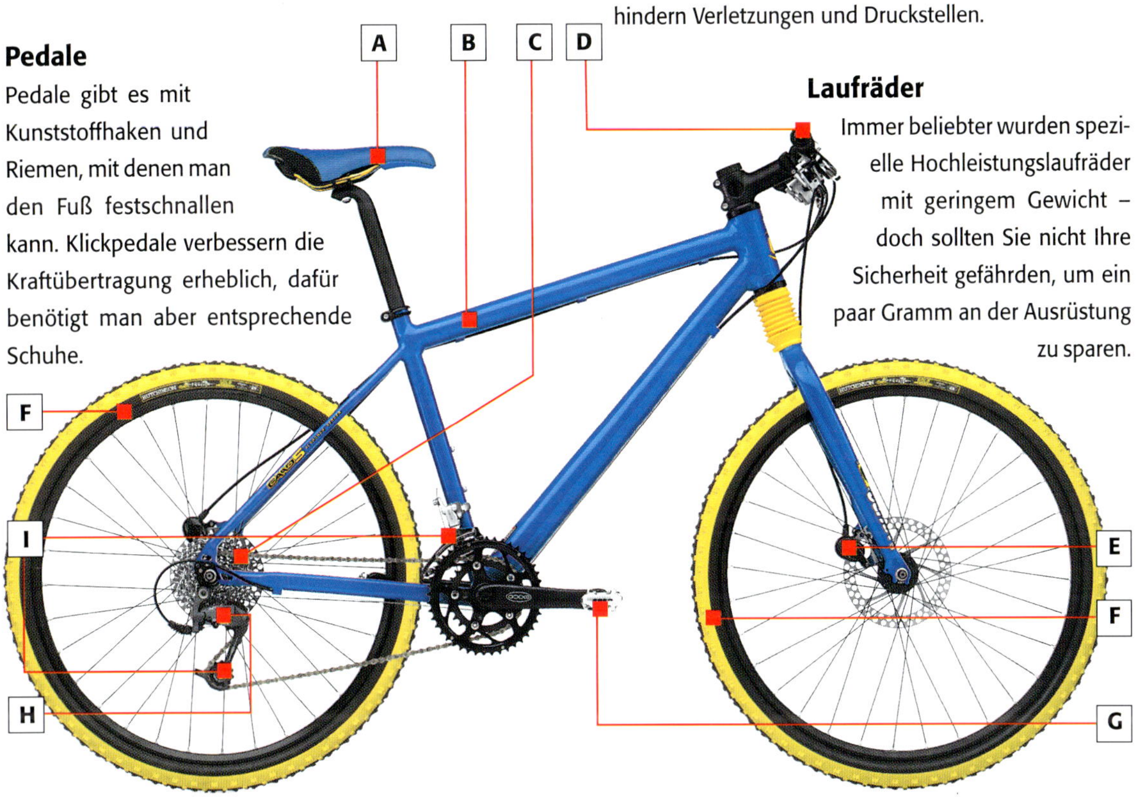

A Sattel: *Die Gestaltung von Sätteln hat sich stark verbessert und die neue Generation von anatomisch designten Sätteln bringt mehr Komfort und vermeidet Sitzprobleme und Druckstellen.*

B Rahmen: *Ein moderner Mountainbikerahmen kompensiert die erhöhte Bauweise durch Federgabeln mit einem abfallenden Oberrohr.*

C Gangschaltung: *Die Umstellung von 24 auf 27 Gänge bringt nicht nur Vorteile. Es gibt noch viele 21-Gang-Bikes, auch wenn Hersteller diese Konstellation gar nicht mehr ausliefern.*

D Lenker: *Wegen der komfortableren aufrechten Sitzposition haben sich nach oben gezogene Lenker immer mehr durchgesetzt.*

E Bremsen: *Die ehemaligen Cantilever-Bremsen sind mittlerweile von Parallel-Felgenbremsen mit längeren Hebeln abgelöst. An Mittelklasse- und High-End-Bikes findet man oft schon Scheibenbremsen.*

F Laufräder: *26-Zoll-Laufräder (ca. 70 cm) sind das charakteristische Merkmal von Mountainbikes. Üblich sind Aluminiumfelgen mit dreifach gekreuzten 36, 32 oder 28 Speichen. Auch radial eingespeichte Vorderräder sind häufig zu sehen.*

G Pedale: *Klickpedale für Bikes wurden in den letzten Jahren perfektioniert und haben sich bei engagierten Bikern etabliert.*

H Kurbeln: *Aktuelle Kurbeln sind hohl, um bei gleicher oder erhöhter Stabilität Gewicht zu sparen. Kurbeln gibt es in verschiedenen Längen für unterschiedliche Körpergrößen.*

I Schaltwerk/Umwerfer: *Das Schaltwerk (hinten) und der Umwerfer (vorne) drücken die Kette von einem Zahnkranz oder Kettenblatt zu anderen.*

Aufbau und Einstellung

Ein Bike ist wie ein Kleidungsstück. Wenn es gut passt, trägt man es gerne und man fühlt sich wohl darin. Wenn es unbequem ist, wird man es nicht mögen. Darum sollte man darauf achten, dass das Bike auch wirklich passt – sodass man es gerne benützt.

Umwerfer/Schaltwerk

Man kann Schaltwerk und Umwerfer in einem großen Bereich verstellen. Jedes Schaltwerk besitzt zwei Anschlagschrauben, die den Bewegungsspielraum beschränken. Das hintere Schaltwerk hat zudem eine Spannungseinstellschraube, die die Spannung des Schaltzugs erhöht (gegen den Uhrzeigersinn), so dass die Kette besser auf die größeren Zahnräder klettert, oder erniedrigt (im Uhrzeigersinn drehen), sodass die Kette besser auf die kleineren Zahnräder fällt.

Kurbeln

Kurbeln übertragen die Kraft des Fahrers direkt auf den Antrieb. Es gibt große Unterschiede und die Preise für Einsteiger-Kurbeln bis zu Hochleistungskurbeln unterscheiden sich um bis zu 400 Prozent. Mountainbike-Kurbeln sind für die Aufnahme von drei Kettenblättern konstruiert. Durch dieses breite Übersetzungsspektrum kann man beim Downhill und in der Ebene relativ hohe Geschwindigkeiten erzielen und sehr steile Steigungen hinauffahren.

Die Abstufung und Montage der drei Kettenblätter fällt je nach Kurbelsatz unterschiedlich aus. Kurbeln werden mit Vierkant- oder Mehrfachzähnen auf die Tretlagerachse montiert und von einer Schraube fixiert. Kurbeln können nicht eingestellt werden, es gibt sie jedoch in unterschiedlichen Längen. Kettenblätter kann man in verschiedenen Zähnezahlen montieren.

oben Umwerfer
unten Schaltwerk

Shimanos XTR-Kurbel

Schalthebel

Schalthebel sollte man so montieren, dass man sie bequem bedienen kann. Dies ist für jeden Fahrer individuell. Achten Sie bei der Einstellung darauf, die Hebel so zu montieren, dass Sie nicht unabsichtlich schalten.

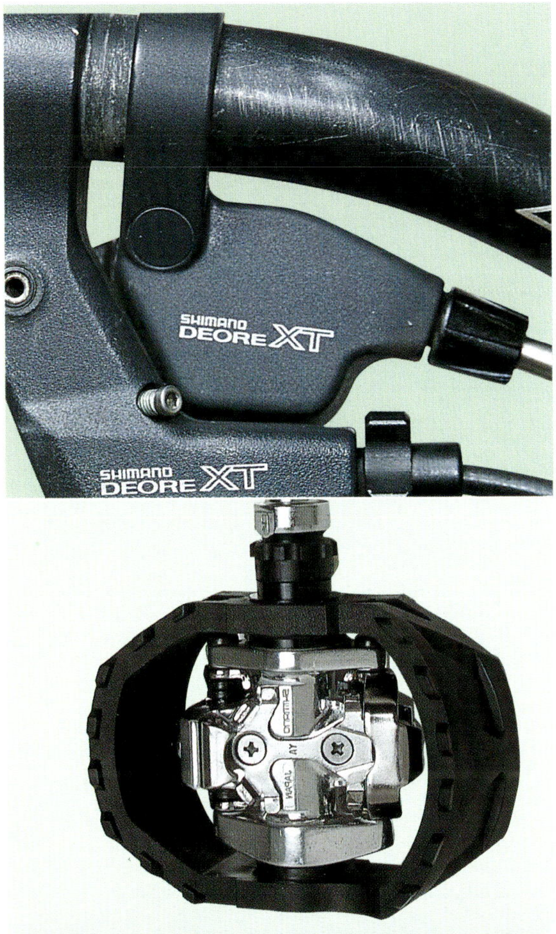

oben Shimanos XT Rapidfire-Schalthebel
unten Ein Klickpedal mit Pedalkäfig

Pedale

Haken mit Riemen ermöglichen, den Fuß auf dem Pedal festzuschnallen, um eine bessere Kraftübertragung zu erzielen. Für Klickpedale benötigt man spezielle Schuhe, an deren Sohle man die Platten für Klickpedale montieren kann, sodass man sich ins Pedal »einklicken« kann. So bewegt sich der Fuß weniger auf dem Pedal als bei Riemen, aber man kann schnell den Schuh vom Pedal trennen, in dem man mit einer Drehung nach außen den Klickmechanismus auslöst – dies ist mit ein wenig Übung leichter und sicherer als die früher benutzten Riemen. Man kann die Auslösekraft des Pedals über die Federhärte einstellen. Wer sich unsicher oder zu sehr gebunden fühlt, fährt die Klickpedale mit sehr geringer Federspannung.

Bremsen

Bremsen verleihen entweder Vertrauen oder führen zu einem bösen Erwachen, je nachdem, wie sie arbeiten und eingestellt sind. Ob man die hintere Bremse rechts oder links am Lenker betätigt, ist persönliche Sache, wenn auch nahezu an allen Mountainbikes die Hinterradbremse rechts montiert ist. Vergewissern Sie sich immer, welcher Hebel welche Bremse betätigt, damit Sie nicht bei einem heftigen Bremsmanöver über den Lenker fliegen.

Wichtig ist auch die Position der Hebel am Lenker. Sie sollten nicht waagerecht montiert werden, sondern nach

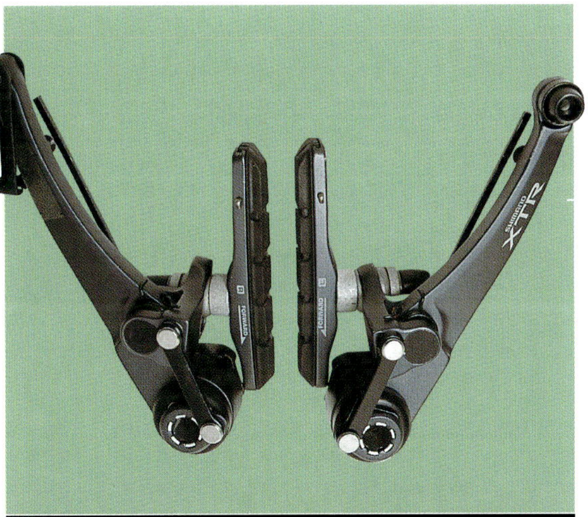

Shimanos XTR V-Brakes

unten geneigt, sodass die Hände bequem die Hebel erreichen können, wenn Sie auf dem Bike sitzen. Man lässt Zeige- und Mittelfinger oder auch nur die Zeigefinger manchmal auf dem Bremshebel liegen, dabei sollten die Handgelenke gerade sein. So verringert man die Verletzungsgefahr, Stöße und Schläge werden in dieser Position vom ganzen Arm und nicht nur vom Handgelenk und den Händen absorbiert.

Rahmen

Im Vergleich zu einem Rennradrahmen ist die Rahmenhöhe für Mountainbikes erheblich niedriger, sodass man mehr Bewegungsfreiheit erzielt und sich in schwierigen Fahrsituationen nicht verletzt. Als Faustregel gilt, einen Bikerahmen etwa acht Zentimeter kleiner als einen Rennradrahmen zu wählen. Am einfachsten ermittelt man die richtige Rahmenhöhe in der Praxis, indem man sich über das Bike stellt, sodass die Sattelspitze leicht den Rücken berührt. Nun hebt man das Bike am Lenker an, bis das Oberrohr zwischen den Beinen anstößt. Jetzt sollte das Vorderrad sieben bis dreizehn Zentimeter über dem Boden sein. Gehen Sie bei der Rahmenhöhe keine Kompromisse ein. Um die Sitzposition zu perfektionieren, kann man noch Teile wie Vorbau oder Sattelstütze verändern.

Bei richtiger Rahmenhöhe kann man das Vorderrad 7 bis 13 Zentimeter vom Boden heben, bevor das Oberrohr zwischen den Beinen anstößt.

Vorbau und Lenker

Länge und Winkel des Vorbaus können »geändert« werden. Ein Vorbau kann die Sitzposition gestreckter oder kürzer gestalten. Mit einem längeren Vorbau verlagert man mehr Körpergewicht über das Vorderrad. Bei steilen Abfahrten steigen so das Gefühl und die Gefahr, über den Lenker nach vorne zu fallen. Bei geraden Lenkern baute man Vorbauerhöhungen ein, um den Lenker weiter nach oben zu bringen. Bei nach oben gebogenen Lenkern kann man wieder flachere Vorbauten benützen. Lenkerhörnchen erlauben mehrere verschiedene Griffpositionen und man kann im Wiegetritt besser Kraft übertragen.

Sattel

Der Sattel muss unbedingt auf die eigene Anatomie und Körpergröße eingestellt werden. Um die korrekte Höhe zu ermitteln, sollte ein Freund das Bike festhalten und ein zweiter hinter Ihnen stehen, um die Position der Hüfte zu überprüfen. Stellen Sie nun ein Pedal in die tiefste Position (Verlängerung des Sattelrohrs). Bei richtiger Sattelhöhe sollten Sie bei gestrecktem Bein mit der Ferse (flache Sohle!) das Pedal berühren, ohne das Becken nach unten zu bewegen.

Auch die Sattelposition kann eingestellt werden, dabei sollten Sie sich Rat von erfahrenen Bikern holen. Viele bevorzugen es, den Sattel etwas nach hinten zu rutschen, um bei Abfahrten bessere Kontrolle zu haben und den Schwerpunkt weiter zum Heck zu verlagern.

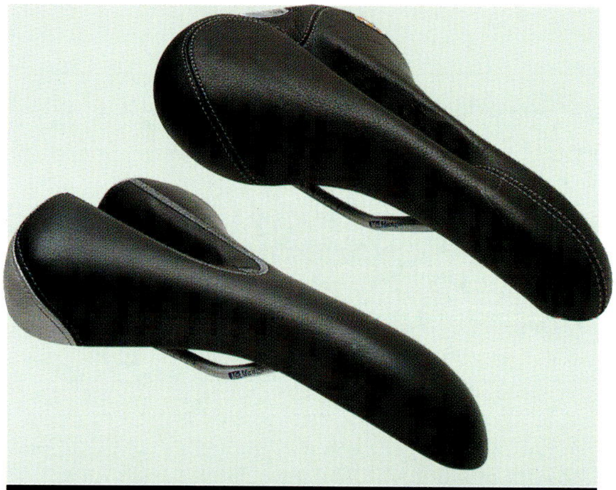

Mit Aussparungen sollen ergonomisch gestaltete Sättel (oben für Frauen, unten Männer) Druckstellen vermeiden.

Der Lenker ist über den Vorbau und den Steuersatz mit dem Rahmen verbunden.

Für Einsteiger erscheint das Angebot im Bike-Shop zunächst einschüchternd, doch Bikeverkäufer verfügen meist über großes Fachwissen und beraten gerne.

Hersteller

Viele Räder von Markenherstellern haben lebenslange Garantiezeiten auf den Rahmen für den Erstbesitzer, also bewahren Sie die Kaufdokumente und die Seriennummer des Bikes gut auf.

Versand- und Internethandel

Versandhandel und Kauf übers Internet bieten sich an, wenn Sie wenig gute Bikeshops in Ihrer Nähe haben oder Sie bequem von zu Hause aus kaufen wollen. Hier entfällt jedoch die Beratung komplett, sodass Sie sich gute Fachberatung an anderen Stellen holen müssen. Bei Defekten oder Garantieansprüchen kann es hier zu Problemen kommen.

Fahrradladen

Wenn Sie die Atmosphäre in einem Fahrradladen nicht mögen, gehen Sie am besten gleich wieder und suchen einen anderen, der Ihnen freundlich und angenehm erscheint. Üblicherweise führen Fachhändler die erste Inspektion gratis aus und geben Accessoires beim Kauf dazu. Bike-Shops werden oft von Enthusiasten geführt und dieser Enthusiasmus kann ansteckend sein.

Supermarkt

Die Wareneinkäufer von Supermärkte konzentrieren sich auf den Massenmarkt und wollen möglichst viel Ware möglichst schnell umsetzen. So wird dem Bike oder Ihren Ansprüchen wenig Aufmerksamkeit geschenkt. Mitnehmen, draufsetzen, losfahren – ob das Bike passt und aushält, was Sie erwarten, werden Sie erst nach dem Kauf erfahren.

Das entscheidende Kriterium beim Bikekauf ist der Einsatzzweck. Gerade Kinder wachsen beispielsweise schneller »aus dem Bike heraus«, als dass sie ein Topbike auch wirklich würdigen könnten.

Wichtiges Zubehör

Über Spaß oder Frust entscheiden Komfort und Funktion der Mountainbike-Kleidung.

Radhosen

Sitzpolster in Radhosen bringen mehr Komfort und verhindern Druckstellen und Verletzungen, das eng anliegende Lycra schützt vor Schürfungen und Reibung am Sattel. Achten Sie beim Kauf auf gute Qualität. Lederpolster in Bikehosen sind nicht mehr empfehlenswert, da dieses austrocknet und rissig wird. Künstliche Polster sind inzwischen genau so gut wie Leder und lassen sich in jeder Waschmaschine reinigen. Radhosen gibt es oft als Trägerhosen und sind sehr beliebt, da sie nicht rutschen und nicht am Sattel hängen bleiben.

Jacken

Radjacken erfüllen den gleichen Zweck wie Pullover oder Trikots und werden benützt, um eine zusätzliche Schicht

A

B

***A** Lycrahosen bringen Komfort und vermeiden Reibestellen auf dem Sattel.*
***B** Bike-Shorts besitzen enganliegende Polster-Einsätze.*

bei kalten oder nassen Bedingungen zu schaffen. Am besten schafft man sich eine warme Jacke und eine spezielle Regenjacke an. Vor allem, wenn man auf größeren Touren unterwegs ist, da es oft kalt, aber nicht nass und auch regnerisch, aber warm sein kann. Falls die Kosten keine entscheidende Rolle spielen, sollte man den Kauf einer GoreTex™-Jacke in Erwägung ziehen, da diese leicht, wasserdicht und reißfest zugleich ist.

C

D

***C** Eine Radjacke schützt vor Kälte und Wind.*
***D** Radtrikots kann man lang- oder kurzärmlig kaufen.*

Radtrikots

Radtrikots halten warm und trocken, von Vorteil sind die Rückentaschen, in denen man Kleinteile und Nahrung mitnehmen kann. Neben dieser Funktionalität bringen auffällige Farben Sicherheit, wenn auch Trikots für Freizeitfahrer oft in unauffälligen Farben hergestellt werden.

Der perfekte Sitz

Der Fahrrad-Boom 1890 veränderte die Ansprüche von Konsumenten nur geringfügig, sehr viel größer war jedoch sein Einfluss auf die sozialen Beziehungsmuster, vor allem die Beziehungen zwischen den beiden Geschlechtern.

Die Veränderung lag sowohl in dem größeren Bewegungsspielraum für Frauen durch das Fahrrad als auch in der neuerworbenen Freiheit von den Zwängen der Frauenmode. Das Fahrrad veränderte nicht nur das alte Schönheitsideal der Frau, sondern definierte ebenso die soziale und politische Rolle der Frau gänzlich neu.

Faszination Fahrrad,
von Pryor Dodge
(Edition Moby Dick, Kiel 2001)

Radfahren war Männersache – zumindest kurz nach der Erfindung des Rads. Heutzutage steigen, auch aus Fitnessgründen, immer mehr Frauen aufs Mountainbike.

Rahmengeometrie

Da Frauen meistens längere Beine und einen kürzeren Oberkörper als Männer besitzen, ist die Standardgeometrie eines Fahrrads oft unbequem für Frauen. Viele Bikerinnen fühlen sich zu gestreckt wenn sie auf dem Bike sitzen. Es gibt jedoch einige Möglichkeiten, damit sich Frauen auf einem Mountainbike wohl fühlen. Einen kürzeren Vorbau oder einen nach oben geschwungenen Lenker zu montieren ist eine Lösungsmöglichkeit. Man kann aber auch speziell für Frauen designte Rahmen in Betracht ziehen, sodass sich »frau« von Anfang an wohl auf ihrem Bike fühlt.

Sattelposition

Auch für Frauen sollte der Sattel idealerweise komplett waagerecht eingestellt sein, wenn auch oft eine nach unten geneigte Sattelspitze als angenehmer empfunden wird.

Eigenschaften des Sattels

Frauen haben breitere Hüften als Männer, und da die Zahl der bikenden Frauen immer weiter zunimmt, wird auch das Angebot an speziellen Fauensätteln immer größer. Ein Frauensattel darf nur Druck auf die Sitzknochen, nicht aber auf die Genitalien ausüben. Fragen Sie im Shop gezielt nach speziellen Frauenmodellen.

Bike-Mode

Neben einem komfortabel aber gut sitzenden Sport-BH, der Halt und Stütze bietet, sollten Frauen auch spezielle Bikeshorts anprobieren, da Männer schmälere Hüften und Radlerhosen für Männer damit ein schmäleres Polster besitzen.

Dadurch kommt das Polster einer Männerhose genau unter dem Po der Frau zu liegen und verursacht Druckstellen an den empfindlichen weiblichen Körperpartien. Eigens für Frauen entwickelte Shorts sollten eine breitere Polsterung aufweisen und zudem an der Hüfte besser anliegen, da sie frauengerecht geschnitten sind.

Brille

Eine Brille ist mehr als ein Modegag, denn eine funktionelle Radbrille schützt die Augen vor Wind, Staub, Zweigen und Insekten und filtert zudem gefährliche ultraviolette und infrarote Strahlung. Eine gute Sportbrille sollte optische und möglichst splitterfreie Gläser aufweisen. Vorteile sind geringes Gewicht, guter Sitz, und die Möglichkeit verschiedene Gläser für wechselnde Lichtverhältnisse einsetzen zu können. Eventuell benützt man ein Brillenband, damit man sie bei einem Sturz nicht verliert. Man kann sie dadurch auch während der Fahrt um den Hals hängen, wenn die Sicht durch Schlammspritzer beeinträchtigt ist oder die Brille beschlägt.

A

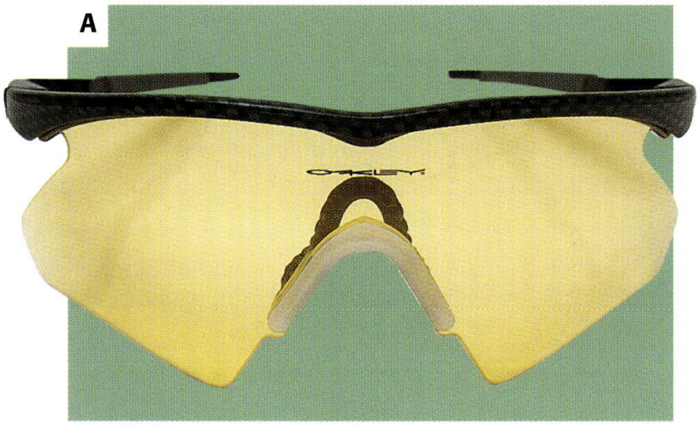

B

***A** Brillen sind ein entscheidender Schutz für die Augen.*
***B** Je nach Vorliebe kann man lang- oder kurzfingrige Handschuhe tragen.*
***C** Moderne Bikeschuhe mit Aufnahme für Pedalplatten.*

Schuhe

Gute Bike-Schuhe sind neben dem Training das beste Mittel, seine Leistung zu steigern. Die Passgenauigkeit und die steife Sohle bringt die beste Kraftübertragung von den Beinen zum Antrieb. Durch die weiche Sohle von normalen Turnschuhen verschenkt man jede Menge Power. Die Kombination aus SPD (Shimano Pedalling Dynamics) kompatiblen Schuhen oder anderen Klicksystemen mit gut funktionierenden Klickpedalen vermeidet dies und man kann immer noch gut laufen. Qualitativ gute Bikeschuhe sollten auch im harten Rennbetrieb etwa eine Saison halten, bei Freizeitfahrern sogar mehrere Jahre. Im Gegensatz zu Rennradschuhen mit superharten Sohlen sind Bikeschuhe fürs Pedalieren und Gehen konstruiert, sodass man auf Touren auch Strecken zu Fuß zurücklegen kann.

C

Handschuhe

Auch Handschuhe sind beim Mountainbiken sehr wichtig, gewährleisten sie doch einen guten Griff am Lenker bei allen Witterungsbedingungen und schützen gleichzeitig vor Blasen und dämpfen Schläge. Beim Sturz erwischt es die Hände oft zuerst. Handschuhe vermeiden schmerzhafte Abschürfungen. Langfingrige und warme Winterhandschuhe sind bei Kälte unbedingt nötig, da die Hände schlecht durchblutet sind und sehr leicht frieren.

Helm

Das wichtigste Zubehör von allen: der Fahrradhelm. Der Helm kann Ihr Leben retten! Außerdem herrscht auf nahezu allen Veranstaltungen auf der ganzen Welt inzwischen Helmpflicht. Um seine Schutzfunktion ausüben zu können, muss der Helm perfekt sitzen. Stellen Sie die Riemen und die Polster in der Schale so ein, dass der Helm gut am Kopf anliegt, ohne zu drücken. Vergewissern Sie sich, dass Ihr Wunschmodell die Prüfzeichen von anerkannten Sicherheitsinstituten trägt.

Luftpumpe

Mit einer Fuß- oder Standpumpe pumpt man mühelos und mit dem Manometer checkt man den Druck in den Reifen. Es gibt einige gut funktionierende Minipumpen mit Zweifachfunktion, aber auch konventionelle Handpumpen kann man am Rahmen verstauen. Achten Sie vor allem darauf, dass die kleine Pumpe sicher im Gepäck verstaut oder die Rahmenpumpe zusätzlich gesichert ist. Durch die Schläge beim Mountainbiken verliert man sehr leicht diese Plastikteile und steht bei einer Reifenpanne hilflos da.

A

B

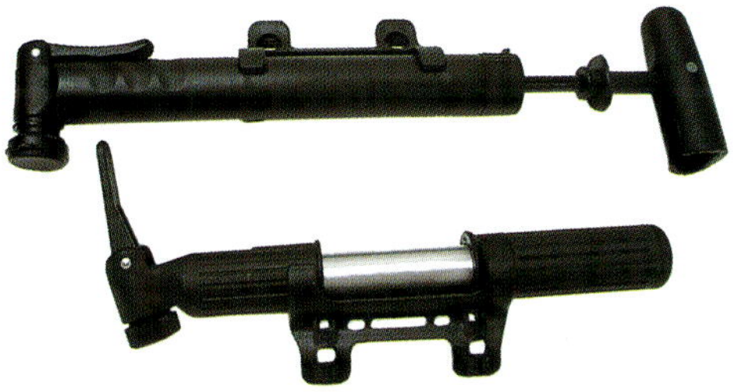

C

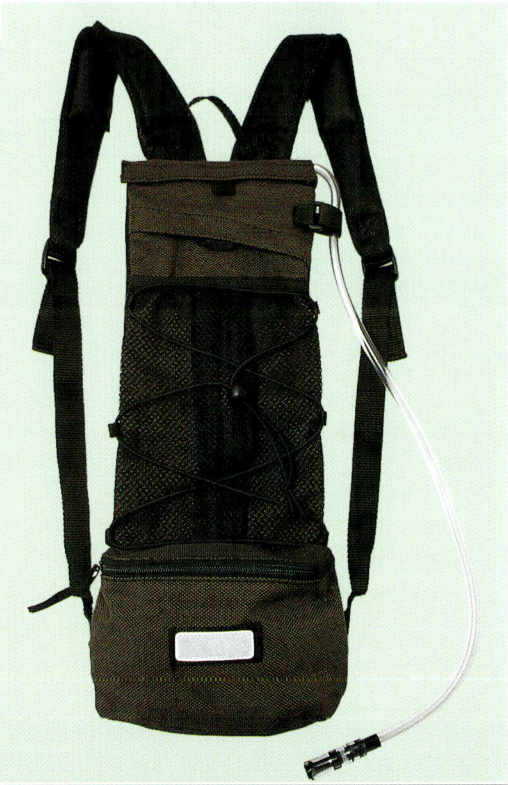

Trinksysteme

Selbst ein geringer Flüssigkeitsmangel kann Ihre Leistung erheblich beeinflussen. Bei jeder Form von körperlicher Anstrengung ist eine ausreichende Versorgung mit Flüssigkeit sehr wichtig. Auch wenn Wasserflaschen üblich sind, gibt es doch manchmal Probleme während des Bikens. Manche Flaschen rütteln sich los, oft ist der Trinkverschluss mit Dreck verschmiert. Wenn das Trinken während der Fahrt zu schwierig ist, verzichtet man darauf und läuft Gefahr, dehydriert zu werden. Ein Trinksystem mit Blase, das man als Rucksack trägt (z. B. der CamelBak™), und bei dem man fürs Trinken die Hände nicht vom Lenker zu nehmen braucht, löst diese Probleme und sorgt für genügend feuchten Nachschub, auch bei hohem Tempo oder rauem Untergrund. Viele neue Versionen dieser Trinksysteme besitzen außen zusätzliche Taschen, sodass man Proviant, Werkzeug, Geld und andere Kleinteile verstauen kann. Diese Anschaffung lohnt sich auf jeden Fall.

***A** Leicht und gut belüftet: Ein Mittelklasse-Fahrradhelm.*
***B** Minipumpen kommen in verschiedenen Varianten.*
***C** Trinksystem mit Blase und Schlauch in Rucksackform.*

Die Einsatzbereiche

Vor dem Kauf sollten Sie entscheiden, wofür Sie es benutzen wollen. Einer der Pluspunkte des Mountainbikes ist seine Vielseitigkeit. Man kann es zu vielen Zwecken einsetzen, vom Freizeitmobil bis zur Rennmaschine, selbst als Polizeirad oder als Lastesel erfüllt es seinen Dienst.

Tourenfahrer

Mountainbikes geben hervorragende Tourenfahrzeuge ab, dies vor allem wegen der komfortablen Sitzposition und ihren Nehmerqualitäten. Einige Bikerahmen sind für die Aufnahme von Packtaschenhaltern vorbereitet. Man sollte bedenken, dass gerade in Ländern der Dritten Welt Ersatzteile rar und ein Aluminium-Rahmen oder exotische Legierungen schwer zu reparieren sind. Für solche Expeditionen benützt man daher am besten ein Stahlrad ohne Gimmicks, notfalls ohne Dämpfung, um Schwachpunkte zu eliminieren. So einfach wie möglich lautet die Devise. Man kann ja keine Garantieansprüche vom Händler um die Ecke in Anspruch nehmen, wenn man gerade im Hindukusch ist. Es klingt vielleicht übertrieben, aber um auf Nummer Sicher zu gehen, haben erfahrene Tourer Felgen und Naben durch Tandem-Komponenten ersetzt.

Freizeitbiker

Die meisten Bikes im Einsteiger- und Mittelklassebereich sind gut für Freizeitbiker geeignet. Ein relativ leichtes Rad mit Federgabel vorne und einer gängigen Komponentengruppe wird viele Tage Fahrspaß bereiten. Man sollte jedoch ein preisgünstiges Bike mit schwachen Komponenten nicht zu häufig über Stock und Stein jagen, da es dafür nicht ausgelegt ist. Leichte Fahrwege, Fitnesstraining, Stadtfahrten und Ausflüge mit der Familie sind alles, was man Einsteigermodellen zumuten kann.

Selten war eine Bezeichnung treffender, denn erst in seiner ursprünglichen Umgebung, den Bergen, egal wo auf der Welt, erfährt man den wahren Reiz des Mountainbikens. Eines der schönsten Gebiete: Die Schweizer Alpen.

Die Entwicklung und der Technikfortschritt bei Bikes hat seine Wurzeln oft im Rennsport, der spezifische Anforderungen an Gerät und Sportler stellt.

Wettkampf

Der Rennsport ist das Testrevier und die echte Bewährungsprobe für neuentwickelte Technik und Teile, die dann wiederum ihren Weg von Hightech-Modellen an günstige Massenbikes findet. Mountainbike-Rennen sind inzwischen so populär geworden, dass sich mehrere verschiedene Disziplinen etabliert haben. Die Disziplin Cross Country-Rundstreckenrennen gehört seit ihrem Debut 1996 in Atlanta fest zum offiziellen olympischen Programm. Es gibt inzwischen jede Menge Disziplinen wie Cross Country, Downhill, Slalom- und Trialwettbewerbe sowie Ausdauer- und Marathonrennen (siehe auch Seiten 38–40).

Stadtfahrten

Ein Mountainbike ist perfekt für Stadtfahrten, denn es bietet normalerweise genügend Befestigungsmöglichkeiten für Träger. Die Laufräder stecken Schläge von Bordsteinkanten und Kopfsteinpflaster viel besser weg als ein Renn- oder Trekkingrad mit schmäleren Reifen. Die aufrechtere Sitzposition bringt Sicherheit, da man besser gesehen wird – und selbst alles besser im Auge und in Griff hat. Die Übersetzung lässt jede Steigung schrumpfen, die kräftigen Bremsen machen den Notstopp an der Ampel sicher. Das Bike als Jeep für den Großstadtdschungel.

Erlebnisse in der Natur

Freeriding wie es nun heißt, oder Erlebnisbiken, ist eine Mischung aus Cross-Country und Downhill (worauf meist der Schwerpunkt liegt) und hat eine komplett neue Gattung von Bikes hervorgebracht. Der Grundgedanke liegt darin, technisch anspruchsvolle Trails unter die Reifen zu nehmen, dabei aber auch Fitness zu trainieren. Diese Freerider sind Fullsuspensionräder und besitzen verstärkte Rahmen mit Scheibenbremsen. Sie fallen etwas schwerer aus als reine Cross-Country-Bikes und sind für harte Beanspruchung ausgelegt: High-Speed auf rauem Terrain.

Freeriding brachte eine neue Gattung von Bikes hervor.

Grundfahrtechnik

Viele Mountainbiker können wahre Schauergeschichten von ihrem ersten Ausflug erzählen. Die meisten dieser Frischlinge saßen zuletzt im Kindesalter im Sattel und müssen nun als Erwachsene das Rad fahren neu lernen. Am besten machen Sie sich mit Ihrem neuen Bike auf einem ruhigen Gelände vertraut, einem gesperrten Parkplatz und üben Sie zu schalten und zu bremsen. Anfänger, die sich nicht allein an das neue Abenteuer wagen, begehen oft Fehler, die ihr Selbstvertrauen untergraben.

Vermeiden Sie

- sofort mit einem Mountainbike-Verein, Freunden oder dem Ehegatten biken zu gehen, die keine Rücksicht nehmen und Sie nicht unterstützen
- auf einen technisch anspruchsvollen Trail zu gehen, der Ihre Fahrkünste überfordert.
- einen Wettbewerb zu bestreiten, dessen Kategorie oder Distanz nicht für Sie passen.

Oben: Als Erwachsene müssen wir zum Teil das Fahrrad fahren wieder lernen, gerade beim Mountainbiken. Rechts: Durch seine Vielseitigkeit und die gute Ausstattung kann man mit dem Mountainbike ungeahnte Erfahrungen im Gelände machen und neues Terrain erforschen.

Tipps und Tricks

- Starren Sie nicht wie hypnotisiert auf den Biker, der vor Ihnen fährt, denn sonst kollidieren Sie mit dem Hindernis, das er gerade umfährt. Blicken Sie auf den Weg vor Ihnen, nicht auf das eigene Vorderrad oder das Hinterrad des vor Ihnen Fahrenden.
- Wenn Sie plötzlich auf einen Abschnitt mit Sand, weichem Schlamm oder Wasser treffen, entlasten Sie das Vorderrad, indem Sie Ihr Gewicht nach hinten über den Sattel verlagern. Bremsen Sie nicht abrupt und versteifen Sie sich nicht, sonst verlieren Sie die Kontrolle. Treten Sie locker weiter über die Passage und lassen Sie das Vorderrad über den lockeren Untergrund »schwimmen«.
- Essen und trinken Sie regelmäßig. Alle 20 Minuten etwas zu sich zu nehmen, ist ideal. Wenn Sie das vergessen, können Sie einen Hungerast erleiden oder unter Dehydradation leiden.
- Wenn Sie eine steile Abfahrt vor sich haben, gehen Sie mit Ihrer Hüfte immer nach hinten über den Sattel. Falls Sie die Kontrolle verlieren, ist es viel sicherer, nach hinten zu stürzen, als kopfüber über den Lenker zu hechten!
- Fixieren Sie nicht das Hindernis auf dem Weg vor Ihnen, das Sie nicht treffen wollen, richten Sie Ihren Blick einige Meter nach vorne.
- Bei Auf- oder Abfahrten sollten Sie eine bestimmte Linie wählen und auch auf dieser bleiben. Falls Sie zögern, werden Sie mit ziemlicher Sicherheit stürzen.

Wenn Sie in der Gruppe fahren, haben Sie mehr Spaß und können von erfahrenen Bikern etwas lernen.

Spaß am Erleben

Mit diesen Tipps haben Sie mehr Spaß beim Biken:

Fahren Sie nie allein im Gelände

Fahren Sie mit einer Gruppe – es ist sicherer, bringt mehr Spaß und als Anfänger bekommt man Unterstützung. Man kann eine Menge von einem guten Mountainbiker lernen. Zudem stellen begeisterte Biker gerne ihre Routen vor und teilen ihre Erfahrung. Suchen Sie den Kontakt zu einem Mountainbikeclub in Ihrer Nähe oder Gruppen, die gemeiname Ausflüge und Fahrten unternehmen.

Suchen Sie sich einen Ansprechpartner

Organisierte Touren sollten so eingeteilt sein, dass Sie etwas finden, das genau Ihren Ansprüchen und Ihrem Können entspricht. Wenn dies nicht der Fall ist, fragen Sie den Guide, wie lang die Strecke ist, die veranschlagte Zeit dafür, ob es eine langsame Gruppe ist und ein Guide immer am Ende der Gruppe bleibt. Ein Einsteiger sollte zu Beginn maximal 15 Kilometer Offroad-Strecke bewältigen.

Bereiten Sie sich vor

Essen und trinken Sie mindestens zwei Stunden vor der Ausfahrt. Ihr Körper verbraucht jede Menge Energie auf einem Biketrip, also stellen Sie sicher, dass die Speicher gefüllt sind, bevor Sie loslegen. Vermeiden Sie belastende Speisen – fett oder mit schweren Saucen – und trinken Sie keinen Alkohol, damit Sie Magenverstimmung und Übelkeit vermeiden. Alles an Ihrem Bike sollte funktionieren. Nehmen Sie einen Ersatzschlauch und eine Pumpe mit. Ihr Auto hat immer ein Ersatzrad dabei – dasselbe sollte für das Mountainbike gelten.

Vor dem Start

- Benützen Sie Sonnencreme. Reiben Sie vor allem Narben damit ein, diese Hautstellen sind am empfindlichsten für Hautkrebs.
- Wenn Sie Ihr Bike aus dem Auto oder vom Träger nehmen, achten Sie darauf, dass alle Schnellspanner gut geschlossen sind und die Spannhebel so ausgerichtet sind, dass Sie nirgendwo hängenbleiben können.

Bereiten Sie sich vor! Nehmen Sie genügend eigene Getränke und etwas zu essen auf eine Tour mit.

- Hängen Sie die Bremsen ein, wenn Sie für den Transport ausgehängt waren. Falls die Felge schleift, kontrollieren Sie nochmals, ob Sie das Laufrad korrekt eingehängt und den Schnellspanner richtig geschlossen haben.
- Stellen Sie die Sattelhöhe richtig ein.
- Machen Sie sich mit dem Guide oder der Hauptperson bekannt. Bei organisierten Touren müssen Sie eventuell eine Vereinbarung (Haftungsausschluss) unterzeichnen, manche Clubs erheben eine Teilnahmegebühr.
- Dehnen Sie Ihre Muskulatur vor oder während des Einfahrens, um Verletzungen und Muskelkater zu vermeiden.

Das Abenteuer kann beginnen

Entspannen Sie sich und genießen! Legen sie zu Beginn kein zu hohes Tempo vor. Mindestens zehn Minuten sollte locker geradelt werden. Bleiben Sie bei Ihrem eigenen Tempo, schauen Sie die Gegend an und prägen sich auffallende Stellen oder Wegweiser ein, falls sie sich verfahren. Falls dies Ihre erste Tour ist, scheuen Sie sich nicht, ständig zu schalten. Nur in einem Gang zu fahren kostet unnötig Kraft. Bei Touren wechseln die Untergründe und die Neigungen, bergauf oder bergab, immer wieder. Einer der vielen Gänge am Mountainbike ist für jede Situation der richtige. Beobachten Sie die anderen Biker, fragen Sie sie ruhig, und beherzigen Sie deren Ratschläge. Falls Sie an Kreuzungen kommen, konzentrieren Sie sich. Oft ist man so entspannt, dass man den normalen Straßenverkehr gar nicht mehr beachtet und vergisst, nach links und rechts zu schauen, wenn man eine Straße überquert. Steigen Sie notfalls ab, wenn die Straße sehr befahren ist und gehen zu Fuß.

Belohnen Sie sich

Gönnen Sie sich ruhig eine Belohnung auf dem Rückweg, ein Stück Kuchen in einem gemütlichen Café. Nehmen Sie sich nach einer Bike-Tour nicht allzuviel vor, denn Sie werden aller Wahrscheinlichkeit nach ziemlich erschöpft sein. Behandeln Sie Ihren Körper nach der Tour gut, dehnen Sie sich (Stretching) und kleiden Sie sich warm an. Wahrscheinlich ist Ihr Trikot nass vom Schweiß, man kann sich nach der Anstrengung leicht erkälten. Fahren Sie nach Hause und entspannen Sie sich – das ist genauso wichtig wie die Tour selbst.

Alles im Griff

Die wichtigsten Kontakt- und Steuerungspunkte an einem Bike sind die Pedale, der Lenker, die Schaltung, die Bremsen und der Sattel.

- Oft benützt man den Sattel als Hebel, meist sogar unbewußt, um mit der Innenseite der Oberschenkel das Bike in die richtige Schräglage zu legen. Achten Sie darauf einmal bewusst!
- Die Bremsen sollten so eingestellt sein, dass Sie beide Räder mit dem Mittelfinger zum Blockieren bringen. Die Neigung der Bremshebel sollte so eingestellt sein, dass Ihre Handgelenke gerade sind und die Finger eine Verlängerung des Unterarms bilden, wenn Sie auf den Hebeln liegen. Sehr wichtig: Sie sollten immer wissen, welcher Hebel die vordere und welcher die hintere Bremse auslöst, ohne darüber nachdenken zu müssen. Denn in einer Notsituation oder einer technisch schwierigen Passage haben Sie keine Zeit zu überlegen – und wer aus Versehen die Vorderbremse zieht, statt der hinteren, kann eine unsanfte Überraschung erleben.
- Die Schaltung sollte ohne Hakeln die Kette nach oben oder unten bewegen. Dies ist entscheidend, wenn es eng wird oder man schwierige Passagen vor sich hat. Wenn Schaltprobleme auftreten, sollte man die Schaltung richtig einstellen oder die Kabel austauschen.
- Da die Pedale – neben dem Lenker und dem Sattel – die Hauptberührungspunkte mit dem Bike sind und direkt die Kraft aufnehmen, sollten sie immer in einem guten Zustand sein. Pflegen Sie Ihre Schuhe, wenn Sie Klickpedale verwenden. Achten Sie auf einen guten Zustand der Schuhplatten und dass die Pedale gut auslösen.
- Zu große oder zu kleine Griffe sind unbequem. Wählen Sie eine Härte aus, die Ihnen angenehm erscheint.
- Lenkerhörnchen (falls vorhanden) sollten in einem sicheren Winkel montiert und so angebracht sein, dass Sie bequem verschiedene Griffpositionen einnehmen können. Hörnchen bringen vor allem im Wiegetritt und bergauf Komfort und zusätzliche Kraft, wenn man dort greift.

Die Beine leisten die größte Arbeit, selbst wenn Sie gut trainiert sind. Also denken Sie daran, Ihre Beinmuskulatur immer gut zu dehnen.

Jetzt geht's zur Sache

Nach der Jungfernfahrt warten nun die Aufgaben für Fortgeschrittene.

Die Feinanpassung des Mountainbikes

Um die optimale Kontrolle über Ihr Bike zu haben, sollte es exakt Ihren Körpermaßen und Ihren Ansprüchen angepasst sein. Zunächst müssen Rahmengröße und Sattelhöhe (siehe Seite 16) stimmen. Wenn Sie sich auf dem Bike zusammengestaucht oder zu gestreckt fühlen, müssen Sie den Vorbau durch ein längeres oder kürzeres Exemplar austauschen. Ein anderer Vorbau führt aber zu einem anderen Lenkverhalten des Bikes und daran sollten Sie sich gewöhnen, bevor Sie auf Tour gehen. Mit einem kürzeren Vorbau lastet weniger Gewicht vorne, sodass das Vorderrad weniger Führung in schnellen Kurven aufweist. Dies müssen Sie ausgleichen, indem Sie mehr Gewicht aufs Vorderrad bringen. Ein längerer Vorbau hat zur Folge, dass man steile Stufen schlechter meistert und man über den Lenker fliegen kann. Bremshebel, Schalthebel, Lenkerhörnchen und Griffe immer so einstellen, dass das Bikehandling problemlos klappt.

Aufwärmen und ausrollen

Viele Radfahrer wärmen sich nicht auf oder dehnen die Muskeln nicht, sodass die Verletzungsgefahr steigt. Aufwärmen heißt, Muskeln und Sehnen auf die Belastung vorzubereiten. Rad fahren ist ein Ausdauersport, der das Herz-Kreislaufsystem trainiert. Mit Stretching beginnen, dann mit geringer Intensität fahren, damit sich der Körper von der anaeroben auf die aerobe Belastung umstellt. Zum Schluss das gleiche in umgekehrter Reihenfolge: Verringern Sie das Tempo und damit die Belastung langsam, das Training mit einer Stretching-Session beenden.

Griffposition

Die Griffposition hängt von persönlichen Vorlieben ab, aber Tipps helfen auch hier, Verletzungen zu vermeiden.

- Lenker nicht krampfhaft umklammern. Sonst versteifen Sie den Oberkörper und das kann dazu führen, die Kontrolle zu verlieren. Hände und Arme ermüden schnell.
- Legen Sie nie die Daumen neben die anderen Finger auf den Lenker. Falls Sie unerwartet gegen ein Hindernis prallen, rutscht Ihre Hand sonst vom Lenker.
- Locker bleiben: Hände nicht zu fest um den Griff, Ellbogen leicht beugen. Schultern nicht nach oben ziehen.

Das Bremsen

Normalerweise genügen ein oder zwei Finger, um gute Cantilever- oder Scheibenbremsen zum Blockieren zu bringen. Falls Sie mit vier Fingern bremsen, fehlen drei Finger am Griff, um die Kontrolle zu behalten und zu schalten. Die Vorderbremse bringt mehr Wirkung als die hintere. Je nach Geschwindigkeit und Untergrund sollten Sie die Vorderradbremse jedoch gefühlvoll einsetzen. Wenn Sie noch nicht genügend Gefühl für die Vorderbremse besitzen, sollten Sie diese nicht bei kurzen steilen Abfahrten oder bei hohen Geschwindigkeiten auf losem Untergrund einsetzen. Ziehen Sie bei langen Abfahrten nicht ständig die Bremsen, dadurch bringen Sie die Felgen zum Glühen, und die Bremsgummis verglasen und bringen keine Leistung mehr. Das richtige Rezept besteht darin, immer wieder zu bremsen und die Bremse zu lösen, bis Sie unten angekommen sind. So kann sich die Felge immer wieder durch den Fahrtwind kurz abkühlen, die Bremsen funktionieren, und Sie kommen sicher an.

Pedaliertechnik

Trainieren Sie die richtige Pedaliertechnik, sie verbessert die Kraftübertragung und Sie sparen Kaft oder werden schneller.

- Gute Radschuhe und Klickpedale verbessern die Kraftübertragung.
- Da die Kurbeln um eine Achse rotieren, beschreibt auch das Pedal eine Kreisbahn.
- Um Ihre Kraft gleichmäßig und konstant auf den Antrieb zu übertragen, müssen Sie lernen, auf dieser Kreisbahn zu pedalieren, anstatt nur von oben auf das Pedal zu treten. Das lernt man am schnellsten auf glattem Untergrund oder auf der Straße, wo Sie sich besser auf die vier Phasen (siehe unten) konzentrieren können.
- Die beste Energieausbeute erzielt man mit einer hohen Umdrehungszahl pro Minute (RPM, Rotations per minute = Umdrehungen pro Minute), wie es auch beim Spinning im Fitnessstudio trainiert wird. Auf holprigen Wegen kann man unmöglich eine konstante Umdrehungszahl einhalten, geschweige denn auch noch viele Rotationen. Lediglich sehr gute Fullsuspension-Bikes erlauben es, im Sattel zu bleiben und mit vielen Umdrehungen zu pedalieren.
- Vergessen Sie nicht, immer wieder Ihren eigenen Stil zu überprüfen, oder sich von jemandem kontrollieren zu lassen (vielleicht sogar von einem Instruktor im Fitnessstudio). Versuchen Sie wirklich, Ihre Füße rotieren zu lassen, anstatt nur zu »stampfen«.

Gewichtsverteilung

In der korrekten Sitzposition auf ebenem Untergrund verteilen sich etwa 60 Prozent der Belastung auf das Hinterrad, 40 Prozent Ihres Körpergewichts liegen über dem Vorderrad. So kann man auch steile Anstiege bewältigen, ohne dass das Vorderrad steigt, und man meistert Abfahrten, ohne über den Lenker zu fliegen.

- **Abfahrt** Verlagern Sie immer Ihr Gewicht nach hinten – das kann sogar so extrem erfolgen, dass Ihre Brust auf dem Sattel aufliegt.
- **Anstieg** Rutschen Sie im Sattel ein wenig nach hinten, so können sich Ihre Beine etwas mehr strecken. Neigen Sie den Oberkörper nach unten über den Lenker, um mehr Druck aufs Vorderrad auszuüben.

***A Phase 1 Abwärts:** Drücken Sie das Pedal nach unten, entweder aus dem Knöchel oder mit den Zehen zuerst. Man entwickelt mehr Kraft, wenn der Knöchel zuerst nach unten drückt, die Ferse also tiefer liegt als die Zehen.*

***B Phase 2 Nach hinten:** In diesem Abschnitt läuft der Fuß durch den unteren Totpunkt nach hinten. Stellen Sie sich vor, Sie wollen Ihren Schuh auf dem Boden nach hinten ziehen, um die Sohle zu säubern.*

***C Phase 3 Aufwärts:** Ziehen Sie mit dem Fuß das Pedal nach oben, so lange wie Sie diese Bewegung schaffen.*

***D Phase 4 Vorwärts:** Drücken Sie nun das Pedal einfach nach vorne, bis es wieder am oberen Punkt angelangt ist.*

Die richtige Gangwahl

Mountainbikes weisen große Übersetzungsverhältnisse auf, um hohe Geschwindigkeiten zu erzielen, aber auch steile Steigungen bergauf fahren zu können. Um alle Gänge optimal einsetzen zu können, sollten Sie verstehen, wie die Gangschaltung funktioniert.

Drei Kettenblätter befinden sich auf den Kurbeln montiert am Tretlager in der Mitte des Rahmens. Die Größe kann variieren: Das große kann 48 bis 42 Zähne haben, das mittlere 36 bis 32 und das kleine Kettenblatt 26 bis 20 Zähne. An der Nabe des Hinterrads befinden sich die Zahnkränze, die meist 36 bis 11 Zähne aufweisen. Durch die Kombination eines Kettenblatts mit einem Zahnkranz legt das Hinterrad bei einer Kurbelumdrehung eine bestimmte Anzahl von Umdrehungen zurück.

Beispiel 1

Sie haben das große Kettenblatt vorne gewählt (sagen wir 42 Zähne) und den kleinsten Zahnkranz hinten (11 Zähne): 42 : 11 = 3,8. Bei jeder kompletten Kurbelumdrehung vorne dreht sich das Hinterrad 3,8 Mal. Dies ist der schwerste Gang und geeignet für Topspeed bei Abfahrten.

Beispiel 2

Die Kette liegt vorne auf dem kleinsten, innersten Kettenblatt (22 Zähne) und auf dem größten Zahnkranz hinten (32 Zähne): 22 : 32 = 0,68. Jede Umdrehung vorne bewirkt etwas mehr als eine halbe Umdrehung des Hinterrads. Das ist der leichteste oder langsamste Gang und ideal für steile Anstiege.

Richtig schalten

- Schalten Sie nicht unter voller Last, also wenn Sie mit aller Kraft in die Pedale treten. Nehmen Sie während des Schaltvorgangs kurz Druck von den Pedalen, wenn die Kette wandert.
- Schalten Sie eher von einem Gang zum anderen als in einem Zug vom kleinsten zum größten Gang zu springen.
- Die Kette sollte nicht schräg laufen. Vemeiden Sie Gangkombinationen, bei denen die Kette diagonal von vorne nach hinten verläuft. Dies passiert, wenn die Kette vorne auf dem großen Blatt und hinten auf den zwei größten Zahnkränzen liegt. Oder vorne auf dem kleinen Kettenblatt und hinten auf den zwei kleinsten.
- Liegt die Kette vorne auf dem mittleren Kettenblatt, kann man alle Gänge der hinteren Schaltung nutzen.

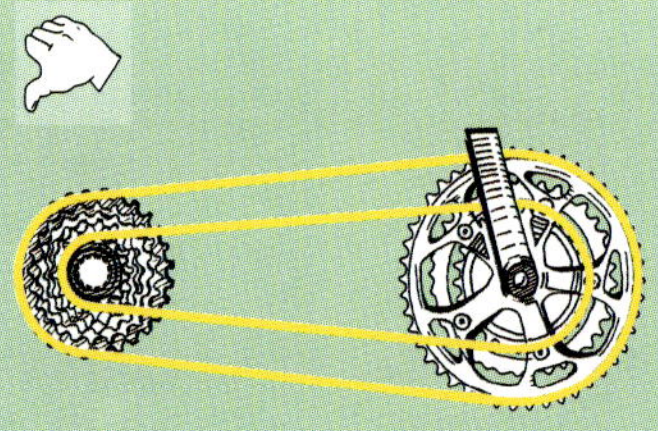

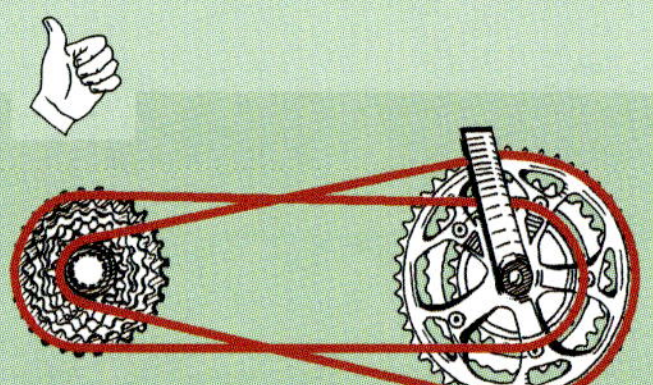

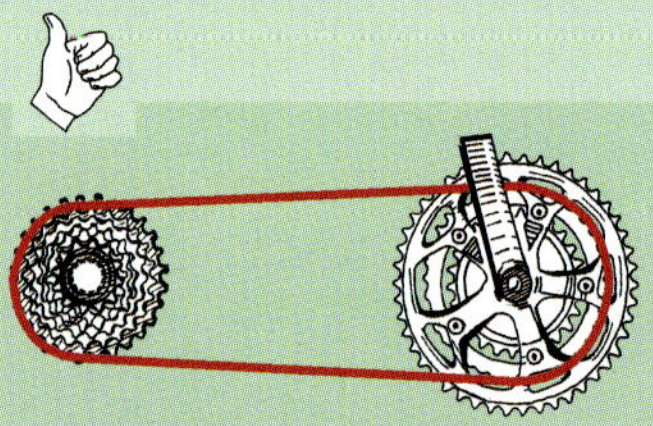

A Beispiel 1 *B Beispiel 2*

Klassische Daumenschalter

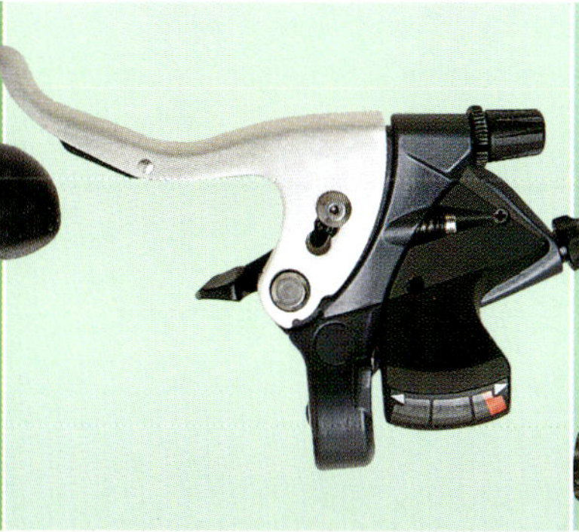

Ein typischer Rapidfire-Schalter mit Bremshebel

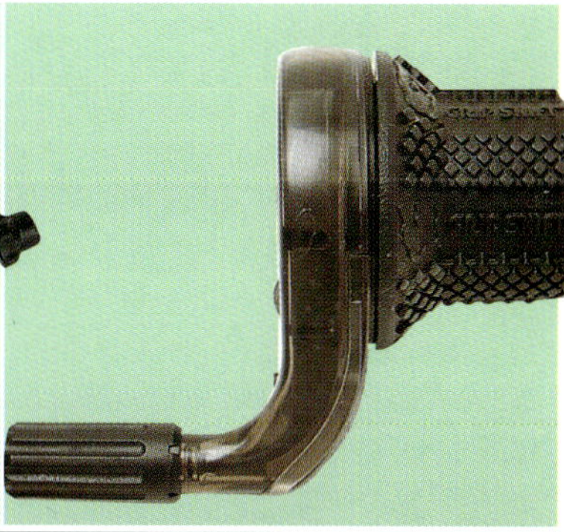

Grip Shift bedeuten drehen und schalten

Schaltsysteme

Mountainbikes besitzen einen vorderen Umwerfer, der vom Hebel links am Lenker betätigt wird und ein Schaltwerk hinten, das der rechte Schalthebel steuert. Beide bewegen die Kette von einem Zahnrad zum nächsten.

- **Daumenschalter** Diese einfachen Schalthebel der ersten Generation waren oben am Lenker montiert und wurden mit Daumen und Zeigefinger betätigt.
- **Rapidfire-Hebel** Diese Variante ist unter dem Lenker angebracht und weist zwei Druckhebel (ältere Version) oder zwei Hebel, die mit Daumen gedrückt und mit dem Zeigefinger gezogen (push-pull) werden. Beim Hochschalten schaffen diese Schalter zwei bis drei Gangsprünge, beim Runterschalten nur einen. Der Umwerfer schaltet immer einen Gang, egal ob nach oben oder unten. Viele Schalter haben eine optische Ganganzeige.
- **Drehschalter** Diese Schalter drehen sich um den Lenker, anstatt um eine eigene Achse. Drehschalter bilden eine Einheit mit dem Griff, man dreht an Ihnen wie am Gasgriff eines Motorrads und betätigt so das Schaltwerk. Die Bezeichnung Grip Shift kommt als Marke der Firma SRAM, die Hauptvertreter dieser Schaltgriffe, aber es gibt auch andere Hersteller.

Schalttechnik

Sie sollten immer das Gelände beobachten und vorausschauend schalten. Obwohl sich die Qualität und Funktion der Schaltwerke erheblich verbessert hat und man nahezu in jeder Situation schalten kann, erzielt man schnellere und weichere Gangwechsel, wenn man kurzzeitig den Druck von den Pedalen nimmt. Tut man dies nicht, drohen Schäden oder schlechte Gangwechsel.

Die Kette

Eine Fahrradkette ist ein hochentwickeltes Bauteil. Abgeschrägte Seitenlaschen sorgen für leichte und geräuscharme Gangwechsel, neue Legierungen ermöglichen eine gute Kombination aus Härte und Haltbarkeit. Eine gut geschmierte Kette besitzt einen Wirkungsgrad von etwa 96 Prozent, das sind mehr als die durchschnittlichen 85 Prozent bei der Kraftübertragung anderer Fahrzeuge. Um gut zu funktionieren sollte die Kette sauber und geschmiert sein. Pflegen Sie Ihre Kette regelmäßig mit umweltfreundlichem Entfetter und schmieren Sie mit geeigneten Mitteln aus dem Fahrradladen. Benützen Sie kein normales Haushalts- oder Maschinenöl. Damit bleiben Staub und Sand an der Kette kleben, sodass man sich nicht nur unangenehme schwarze Flecken holt, es wird auch die Lebensdauer Ihres Antriebs verkürzen.

Die Fahrradkette ist immer noch die effektivste Antriebsart.

Ein harter gepresster Untergrund fährt sich fast wie Asphalt.

Die Beherrschung im Gelände

Ein großer Reiz des Mountainbikens liegt darin, sein Bike auf verschiedenen Geländeformationen sicher zu beherrschen.

Fester Untergrund

Fester Untergrund ist am einfachsten und angenehmsten zu befahren. Es entspricht am ehesten Asphalt, manchmal ist die Fahrbahn sogar noch glatter, und man kommt schnell drauf vorwärts. Vergessen Sie jedoch nicht, dass dieser Untergrund sehr rutschig werden kann, wenn es geregnet hat oder Schotter darauf liegt.

Steiniger Untergrund

Steiniger Untergrund ist sehr anstrengend, weil man ständig auf das Vorderrad Acht geben muss oder die Balance verliert. Die Fahrtechnik zu verbessern, entspannt zu bleiben und immer eine saubere Linie zu finden, sind hier die entscheidenden Punkte. Am einfachsten fährt man Schotter, in dem man das Bike surfen lässt – go with the flow.

Abwärts Je nach Untergrund des Trails kann einem höheres Tempo auf der Abfahrt helfen, steinige Passagen zu bewältigen. Geschwindigkeit bringt Sicherheit, heißt hier der Slogan. Man sollte jedoch genau das Gelände »lesen«.

Aufwärts Bergauf auf einem steinigen Weg kann man kaum im Sattel beiben. Wenn es sich nur um eine kurze Passage handelt, stehen Sie auf, beugen den Oberkörper über den Lenker, halten aber die Hüfte in etwa über dem Sattel. So können Sie das Bike besser kontrollieren, haben mehr Druck in den Beinen und den Lenker fest im Griff. Wenn Sie die Ellenbogen nach unten ziehen, wird auch das Vorderrad nicht vom Boden abheben.

Auf steinigen Wegen braucht man Balancegefühl und gute Kontrolle übers Bike.

Klettern

Das Mantra beim Bergauffahren lautet: Nicht der Start ist entscheidend, sondern wie du oben ankommst. Da Berge untrennbar mit dem Begriff Mountainbike verbunden sind, wird man um Anstiege nicht herumkommen. Aber dafür kommt dann auch wieder garantiert ein Downhill!

Ein zu hohes Tempo zu Beginn eines Anstiegs wird Ihnen die Puste rauben. Langsam anfangen – schneller werden kann man immer noch.

Kurze steile Anstiege

Diese Anstiege nimmt man mit hoher Intensität. Das dauert nur kurz und ist heftig, entscheidend ist die richtige Position. Holen Sie zuvor Schwung, um leichter nach oben zu kommen. Steile Anstiege kommen oft nach einer engen Kurve, sodass man leider keinen Schwung mitnehmen kann. Hier heißt es immer Traktion zu haben. Die ideale Position bringt noch genügend Belastung des Hinterrads, damit es nicht durchdreht, gleichzeitig Druck auf das Vorderrad ausüben, damit es nicht steigt.

Lange Anstiege

Lange Anstiege sind meist technisch nicht so anspruchsvoll und belastend. Hier ein paar Tipps:

- Nehmen Sie eine angenehme Position ein, in der Sie 3 bis 30 Minuten bergauf fahren können.
- Wählen Sie ein Tempo, das Sie auch beibehalten können. Fangen Sie langsam und in einem kleinen Gang an. Sie können später immer noch das Tempo steigern und hochschalten, um einen Endspurt hinzulegen.
- Rutschen Sie auf dem Sattel ein wenig nach hinten, sodass Sie die Beine besser strecken können.
- Verkrampfen Sie nicht mit dem Oberkörper, das kostet nur unnötig Kraft.

Wenn man auf Sektionen trifft, die man nicht fahren kann, sollte man das Bike tragen, bevor es beschädigt wird.

Sand

Längere Sandpassagen kann man kaum fahren, und man muss schieben oder tragen, aber kurze Stücke kann man mit etwas Geschwindigkeit gut meistern.

Holen Sie genügend Schwung vor einem sandigen Stück. Kurz vor der Passage schalten Sie am besten ein oder zwei Gänge zurück und verlagern Ihren Schwerpunkt nach hinten, sodass das Vorderrad »leicht« wird und nicht einsinkt. Kurbeln Sie locker weiter, damit Sie keine Geschwindigkeit verlieren und halten Sie den Lenker immer gerade. Man versucht, so schnell und leicht wie möglich über den Sand zu schwimmen. Stößt man auf einem festen Trail auf Sandpassagen, kann man versuchen, diese zu umfahren. Feuchter oder gepresster Sand stellt meistens keine Probleme dar, solange das Vorderrad nicht einsinkt und Sie genügend Geschwindigkeit behalten.

Sandige Passagen mit genügend Schwung angehen.

Die Abfahrt

Das Mantra für die Abfahrt lautet: Geschwindigkeit bringt Sicherheit.

Steile Passagen oder Stufen

Am sichersten bewältigt man steile Abfahrten mit dem Gewicht weit hinten. Benützen Sie die Vorderbremse nur vorsichtig und gefühlvoll und nur wenn die Hinterbremse nicht mehr ausreicht (am besten die Vorderbremse überhaupt nicht anfassen). Bei sehr steilen Abfahrten muss der Schwerpunkt so weit nach hinten, dass Sie über den Sattel rutschen, die Arme fast gestreckt sind und die Brust auf dem Sattel aufliegt (den Sattel tiefer stellen). Es ist gefahrloser, nach hinten als über den Lenker zu stürzen.

Drop in oder Drop off

Drop in bedeutet eine Stufe mit dem Vorderrad hinunter zu fahren. Drop off ist ein Sprung über eine Kante, bei dem man das Vorderrad hochzieht und auf dem Hinterrad oder beiden Rädern landet. Diese Fahrtechnik ist genauer im Kapitel 4 beschrieben: Technik für Fortgeschrittene.

Lange schnelle Abfahrten

Lange flotte Downhills machen am meisten Spaß und sorgen für jede Menge Adrenalin. Vergessen Sie dabei nicht, immer auf andere Benutzer des Weges acht zu geben, vor allem Wanderer, und überfordern Sie sich nicht. Tragen Sie immer einen Helm und Schutzkleidung, wenn Sie sich auf einen ausgewiesenen Downhill begeben, und tun Sie es möglichst nicht allein. Ohne Begleitung, und damit Hilfe, auf einem Downhill zu stürzen, kann schlimme Folgen haben.

Technik an steilen Stufen: Gewicht nach hinten über den Sattel, Arme lang machen.

Je größer die Erfahrung, desto mehr Spaß macht der Downhill. Immer auf der sicheren Seite bleiben!

Schlamm

Wenn Sie nicht ausschließlich bei trockenem Wetter biken, müssen Sie sich darauf gefasst machen, nahezu überall auf Schlammpassagen zu treffen – da muss man durch. Auf Anstiegen und Abfahrten wird das dann zur Rutschpartie, meist hilft nur Tragen. Außerdem klebt Schlamm gerne an allen mögliche Teilen, vor allem an den Stollenreifen, und klemmt sich dann zwischen Gabel oder Hinterbaustreben, sodass sich nichts mehr dreht. Eine kleine Wasserdurchfahrt, falls möglich, beseitigt das Gröbste. Ziehen Sie nicht die Bremsen in Schlammpassagen, denn sonst haben die Reifen gar keine Traktion mehr.

Falls Sie bei jedem Wetter biken, sollten Sie Ihr Bike und sich entsprechend für diese Verhältnisse präparieren.

- Behandeln Sie die Kette mit einem feuchtigkeitsabweisenden Schmiermittel.
- Es gibt spezielle Reifen für nasse und schlammige Bedingungen, um mehr Traktion zu erzielen.

Über Gras oder andere Pflanzen zu biken kostet durch den erhöhten Rollwiderstand sehr viel Kraft.

Falls Sie oft bei nassen Bedingungen biken, sollten Sie die Kette gut pflegen und Reifen mit guter Traktion aufziehen – aber Sumpf bleibt Sumpf.

- Klickpedale sollten auch mit Dreckpackung noch funktionieren. Achten Sie darauf, dass diese genügend Schmutzfreiheit aufweisen, je offener das Pedal gebaut ist, desto besser. Manche schrauben auch bei schlechten Bedingen wieder Pedale mit Haken und Riemen ans Bike oder benützen Klickpedale mit einem Käfig.
- Bikes mit Scheibenbremsen machen bei Schlamm und Dreck weniger Probleme als Räder mit Cantilever- oder V-Brakes.
- Wasserdichte Schuhe oder Überschuhe halten die Füsse trocken und warm. Auf langen Touren ein Pluspunkt.
- Falls es nicht heftig regnet, sollten Sie keine plastikbeschichteten Regenjacken tragen, sondern immer atmungsaktive Kleidung.
- Reinigen Sie Ihr Bike gründlich nach der Tour, vor allem nach einer Schlammschlacht.

Vegetation

Wenn Sie über Pflanzen oder Vegetation biken – wie Blätter, Nadeln, Waldboden oder Gras – wird Ihr Bike stark gebremst. Passen Sie auf, Ihren Puls nicht zu hoch zu jagen und sich kaputt zu machen. Außerdem rutscht auf solchen Untergründen gerne das Hinterrad durch. Stellen Sie sich einfach vor, Sie fahren auf schlammigem Untergrund.

Kurvenfahren

Kurvenfahren ist nicht leicht, hier hat jeder anfangs Probleme. Nachdem Sie sich aber mit den psychologischen und physikalischen Grundlagen angefreundet haben, werden Sie überrascht sein, wie schnell oder wie langsam man die Kurve ohne böse Folgen kratzen kann.

Wählen Sie das Tempo vor der Kurve so, dass Sie herausbeschleunigen können und nicht in der Kurve bremsen müssen.

Schnelle Kurven

Für schnelle Kurven braucht man hauptsächlich Entschlossenheit und Mut. Was Sie sich auf jeden Fall abgewöhnen sollten, ist die leider instinktive Reaktion, in der Kurve zu bremsen. Dies beeinträchtigt nicht nur die Führung der Reifen, durch die Bremskräfte will sich das Bike auch aus der Schräglage aufrichten, was die Sache nicht gerade einfacher macht. Der Trick besteht darin, die Kurve mit dem richtigen Speed anzufahren, um herausbeschleunigen zu können statt zu bremsen. Bleiben Sie auf Ihrer gewählten Linie. Rettungsaktionen in der Kurve sind das Schlimmste, was passieren kann.

Loser Untergrund verringert die Kontrolle, sammeln Sie Erfahrung damit.

Kurven auf losem Untergrund

Kurven auf losem Untergrund unterscheiden sich kaum von schnellen Kurven, außer dass man noch geringere Traktion hat und noch mehr Kontrolle braucht. Den inneren Fuß als Ausleger auf den Boden zu setzen kann Stürze vermeiden, falls man wegrutscht. Diese Technik sollte man aber zuvor üben, um sie anwenden zu können.

Auf ins Abenteuer

Ganz egal, was Sie mit Ihrem Fahrrad vorhaben, ob Sie zur Erholung radeln, Rennen fahren, das Abenteuer suchen oder nur zum Arbeitsplatz fahren – Mountainbiken und Rad fahren abseits ausgetretener Wege bleibt immer spannend. Je länger Sie biken und je mehr Sie sich zutrauen – mit steigender Kondition und besserem Fahrkönnen – desto mehr werden Sie erleben und die Natur genießen.

Die verschiedenen Wettbewerbe

Nichts ist aufregender als sich im Wettbewerb zu messen. Beim Mountainbiken können Sie in vielen verschiedenen Varianten an den Start gehen, von Cross Country über Marathons, von Downhill bis zu Slalomrennen. Jede dieser Disziplinen stellt eine andere Herausforderung dar und gleichzeitig eine Gelegenheit, noch mehr Zeit auf dem Bike zu verbringen.

oben Cross-Country-Rennen gehören zu den beliebtesten Disziplinen rechts Mountainbike-Trial ist eine extreme Diszplin, die von nur wenigen Experten ausgeübt wird.

Cross-Country-Rennen

Cross-Country-Rennen ist, wie große Teilnehmerzahlen zeigen, eine der beliebtesten Disziplinen im Rennsport. Es gibt verschiedene Veranstaltungen für jede Vorliebe – Kinder, Einsteiger, Hobby-Rennfahrer und Profis.

Rundstreckenrennen

Weltmeisterschaften und olympische Rennen werden als Rundstreckenrennen ausgetragen. Nach den Regeln muss ein Teilnehmer lediglich eine bestimmte Rundenzahl auf einer ausgewiesenen Strecke zurücklegen. In dieser Zeit dürfen die Fahrer nur in markierten Verpflegungszonen Getränke und Nahrung erhalten, Unterstützung oder Hilfe bei Pannen darf nicht angenommen werden. Der Fahrer muss alle Ersatzteile und Werkzeug bei sich haben und alle Reparaturen selbst ausführen. Der Teilnehmer muss die Ziellinie mit demselben Rad und den Laufrädern passieren, mit denen er das Rennen begonnen hat. Das Bike darf gefahren, geschoben oder getragen werden. Es herrscht immer Helmpflicht. Einer der Gründe, warum Bike-Rennen immer populärer werden, liegt sicher in diesen – im Vergleich zum Radsport auf der Straße – einfachen und unkomplizierten Regeln.

Marathon-Veranstaltungen

Marathons sind inzwischen noch beliebter als Rundstreckenrennen. Statt mehrerer kurzer Runden legen die Biker eine große Runde oder eine lange Distanz von einem Punkt zum anderen zurück. Daher sind auch die Regeln leicht abgeändert. Meist können die Teilnehmer an vielen Punkten Erfrischungen annehmen und man kann sich bei Problemen gegenseitig aushelfen. Gerade bei Amateuren und Hobby-Rennfahrern sind Marathon-Veranstaltungen angesagt, denn die größte Herausforderung dabei besteht im Kampf gegen sich selbst.

24-Stunden-Team- oder Einzelwettbewerbe

Auch hier steigen die Teilnehmerzahlen. Es gelten die gleichen Regeln wie bei Rundenrennen, meist starten Teams. Mannschaften oder Einzelfahrer fahren innerhalb von 24 Stunden so viele Runden wie möglich, nachts mit Beleuchtung. Die Teams teilen ihre Schichten selbst ein.

Downhill-Rennen

Downhill-Rennen könnte man auch als Zeitrennen bezeichnen, bei denen die Fahrer an einem erhöhten Punkt starten und auf einer markierten Strecke zu einem tiefer gelegenen Punkt fahren. Die Kurse werden immer extremer, Hersteller entwickeln dafür spezielle Downhill-Bikes.

Zeitmessung

Die klassische Form von Downhill-Rennen wird mit Zeitmessung durchgeführt. Man stoppt die Zeit, wenn der Fahrer durchs Ziel kommt. Manchmal gibt es auch zwei Läufe, von denen nur der bessere gewertet wird. Durch Qualifikationsläufe werden die Startplätze bestimmt, normalerweise starten die langsamen Fahrer vor den schnellen.

Dual-Eliminator-Rennen

Zwei Fahrer gehen bei diesem Downhill gleichzeitig auf die Strecke. Der Verlierer scheidet aus, der Gewinner tritt gegen den nächsten Fahrer an, bis nur noch zwei übrig sind. Der Sieger des Finales ist Gesamtsieger, der Verlierer belegt den 2. Platz.

Dual Slalom

Wie bei BMX-Veranstaltungen (dem Ursprung) verläuft dieses Rennen über eine kurze, künstlich angelegte Rennbahn mit Sprüngen, überhöhten Kurven, Stangen und Toren. Jeder Fahrer bleibt auf seinem abgesteckten Kurs, die Wertung erfolgt wie bei den Dual-Eliminator-Rennen.

Duell

Eine Kombination aus dem Eliminator- und dem Slalom-Rennen. Die Fahrer starten getrennt, müssen sich aber kurz nach dem Start den gleichen Rennkurs teilen, sodass das Dualslalom-Rennen zu einem Eliminator-Rennen wird. Hier gibt es nur wenig Regeln und oft wird mit Haken, Ösen und Ellbogen um den Sieg gekämpft.

24-Stunden-Events sind sowohl Herausforderung wie Spaß. Nicht zu unterschätzen: die nächtlichen Runden mit Licht.

Für Downhill-Rennen braucht man gutes Bike-Handling und jede Menge Mut. Die Belohnung: echter Nervenkitzel.

So fällt man richtig

Mit einigen Grundregeln kann man schmerzhafte Stürze vermeiden.

Es ist schmerzlich und meistens auch peinlich – wer stürzt, hat oft einen Fahrfehler begangen oder sich nicht konzentriert. Die meisten Stürze können also vermieden werden, aber wenn Sie schon einmal zu Boden gehen, beachten Sie die folgenden Regeln – dann tut es nur halb so weh.

■ **Verkürzen Sie den Sturz.** Angenommen Sie fahren über den Gipfel eines Anstiegs und plötzlich taucht vor Ihnen ein böser Graben mit schlechtem Untergrund, noch dazu gefüllt mit Steinen, auf. Falls Sie schon zu schnell sind und nicht mehr rechtzeitig stoppen können, sollten Sie sich auf die Seite werfen, statt mit vollem Karacho in den Graben zu donnern, sodass Sie mit Kratzern und blauen Flecken davon kommen.

■ **Kopf und Gliedmaßen einziehen.** Zwar ist dies leichter gesagt als getan, aber auch wenn Sie bei einem Crash panisch Hände und Arme von sich strecken wollen – tun Sie es nicht. Auf diese Weise bricht man sich sehr leicht etwas. Behalten Sie Ihre Arme und Beine nahe am Körper, sodass der Körper den Sturz abfängt. Rollen Sie sich zu einer Kugel zusammen (wie es Kampfsportler machen), um die Verletzungen so weit wie möglich zu minimieren.

■ **Ausrollen.** Bremsen Sie den Sturz nicht ab, lassen Sie die Energie verpuffen. Rollen Sie weiter nach der Landung. Wenn Sie mit blockierten Reifen rutschen, machen Sie sich nur die Reifen kaputt. Außer Sie bewegen sich gerade auf einen Abgrund oder einen Abhang zu – bremsen Sie, so stark Sie können, um anzuhalten.

■ **Das Bike als Airbag.** Manchmal kann auch das Bike zu einem Teil die Energie des Sturzes aufnehmen und damit abschwächen. Sehr bequem wird das nicht sein, aber abbrechende oder kaputte Teile am Bike kann man ersetzen – kaputte Körperteile nicht.

■ **Abgang nach hinten.** Wenn auf der Abfahrt oder an einer steilen Kante ein Sturz droht und Sie sich vom Bike trennen müssen, rutschen Sie einfach nach hinten ab. Das Rad wird von selbst stoppen und ohne die Belastung Ihres Gewichts wahrscheinlich sogar unbeschädigt bleiben – und Sie ersparen sich einen schlimmeren Crash.

■ **Stürzen Sie nie auf die Schulter.** Ein gebrochenes Schlüsselbein ist die sichere Folge, falls dies passieren sollte. Wenn ein seitlicher Aufprall zu erwarten ist, versuchen Sie immer, den Sturz nach vorne oder nach hinten umzulenken, sodass Sie nicht auf der Schulter landen.

Technik für Fortgeschrittene

Stürze beim Mountainbiken kommen so häufig vor wie Staus auf der Autobahn. Das kann jedem passieren – auch den Profis. Haben Sie das einmal akzeptiert, können Sie sich mit dieser Fahrtechnik für Fortgeschrittene auf neue Herausforderungen vorbereiten.

1

***Der Bunny Hop: Schritt 1** Konzentrieren Sie sich auf das Hindernis während der Anfahrt und rollen Sie nicht zu langsam. Halten Sie Ihre Körper locker, kauern Sie sich wie eine Katze vor dem Sprung mit gebeugten Armen und Beinen über das Bike.*

2

***Der Bunny Hop: Schritt 2** Kurz bevor das Vorderrad das Hindernis berührt (50 Zentimeter Abstand) drücken Sie energisch das Bike am Lenker nach unten. Dann strecken Sie explosiv Beine und Arme und drücken sich nach oben und vorne ab. Dabei den Lenker nach oben ziehen.*

3

***Der Bunny Hop: Schritt 3** Wenn das Vorderrad in der Luft ist, drehen Sie den Lenker in einer kreisförmigen Bewegung nach vorne, mit den Füßen ziehen Sie an den Pedalen nach hinten und gleichzeitig oben, um das Heck des Bikes zu liften. So folgt das Hinterrad dem Vorderrad in die Luft. Mit SPD-Pedalen funktioniert dies besser.*

4

***Der Bunny Hop: Schritt 4** Mit Ihrem Körper steuern Sie den Schwerpunkt und die Position des Bikes in der Luft. Bringen Sie Gewicht nach vorne, wird das Vorderrad nach unten gedrückt. Legen Sie den Oberkörper nach hinten, steigt das Vorderrad. Versuchen Sie, zuerst auf dem Hinterrad zu landen und dann auf dem Vorderrad.*

Der Bunny Hop

Mit Sprüngen, oder wie es beim Biken heißt, Bunny Hops, überwindet man Hindernisse auf dem Trail, ohne abzusteigen oder Geschwindigkeit zu verlieren. Diese Technik braucht man, wenn Hindernisse auf dem Weg liegen und keine Rampe oder Kante als Absprunghilfe dient. Die Technik für den Bunny Hop ist nicht zu kompliziert, vor allem, wenn man den Häschensprung immer wieder übt. Am besten beginnt man mit kleinen leichten Stellen auf dem Weg und arbeitet sich mit wachsender Übung an höhere Hindernisse heran.

Sprünge mit einer Rampe

Wie beim Bunny Hop kommt es hier auf eine entspannte Haltung beim Sprung an. Beginnen Sie mit einer Höhe, bei der Sie sich noch wohlfühlen und trainieren Sie die Technik des Sprungs, bevor es höher hinaus geht.

Benützt man eine Absprungrampe, kann man beträchtliche Sprungweiten erzielen. Wie beim Bunny Hop sind drei Phasen entscheidend: Die Anfahrt, der Absprung und die Landung.

Anfahrt: Schauen Sie weit voraus, um die Sprungrampe genau zu erkennen. Bei der Anfahrt locker bleiben, den Körper zusammenkauern und Arme und Beine beugen.

Sprungphase: Beim Absprung stehen Sie explosiv in den Pedalen auf. Das Bike wird durch die Rampe nach oben katapultiert – und Sie ebenfalls. Beugen Sie Ihre Arme und Beine erneut, damit sich das Bike unter Ihnen nach oben bewegen kann. Gleichzeitig schieben Sie Ihren Körper etwas nach hinten, damit sich der Sattel Richtung Bauch bewegen kann. Sobald Sie sich in der Luft befinden drücken Sie das Bike von sich weg, lassen aber Beine und Arme ganz leicht gebeugt, damit Sie bei der Landung gut einfedern können.

Landung: Die Landung kann in zwei Phasen eingeteilt werden: Zunächst landet das Bike und dann der Fahrer. Versuchen Sie möglichst mit dem Hinterrad vor dem Vorderrad aufzukommen. Sobald beide Reifen Bodenkontakt haben, wird Ihr Gewicht aufs Bike kommen. Beugen Sie Ihre fast gestreckten Arme und Beine und fangen so die Wucht des Aufpralls wie Stoßdämpfer ab. Willkommen zurück auf dem Boden!

1

Sprung mit einer Rampe: Schritt 1 *Die Anfahrt*

2

Sprung mit einer Rampe: Schritt 2 *Der Sprung*

3

Sprung mit einer Rampe: Schritt 3 *Die Landung*

Bergauf fahren

Wie der Name schon sagt: Mit einem Mountainbike fährt man ab und zu auch in den Bergen und da lassen sich Anstiege kaum vermeiden. Neben ausreichender Kraft und Ausdauer hilft auch die richtige Fahrtechnik, jeden Hügel oder Berg zu bezwingen. Zwei Komponenten sind entscheidend, damit Sie über den Berg kommen: Die Kraft, die auf die Kurbel kommt, und die Traktion, also der Grip des Hinterrads. Der Druck auf die Pedale hängt natürlich direkt von Ihrer Power und Fitness ab. Die Traktion wird bestimmt von Ihrem Fahrkönnen, der Art und dem Luftdruck der Reifen und der Position Ihres Schwerpunkts.

Steiler Anstieg, Schotter und schlechte Traktion

Auf solchen Anstiegen kommt man nur durch die Kombination mehrerer Faktoren vorwärts. Entscheidend sind der Schwerpunkt, die Position auf dem Bike, richtiges Pedalieren und die beste Fahrspur.

Bleibt man erstmal am Anstieg hängen, dreht beim Antritt leicht das Hinterrad durch.

Für technische Anstiege braucht man die richtige Position, Kontrolle und immer Druck auf dem Pedal.

Gewichtsverlagerung Die meisten stehen bei steilen und schwierigen Anstiegen gerne auf. Dies ist kein Problem, wenn sich der Untergrund als fest und griffig erweist. Auf typischen Mountainbikerouten ist dies kaum der Fall und so muss die richtige Fahrtechnik eingesetzt werden. Verlagern Sie Ihr Gewicht im Sattel nach hinten, kommt mehr Druck aufs Hinterrad und die Traktion wird verbessert. Leider steigt dann aber das Vorderrad leichter nach oben, sodass Sie kaum noch lenken können und womöglich sogar eine Rolle rückwärts hinlegen. Verlagern Sie das Gewicht nach vorne, wird das Vorderrad auf dem Boden bleiben, dafür dreht das Hinterrad durch und Sie bleiben hängen.

Position Sie müssen also den besten Mittelweg aus dem oben beschriebenen Dilemma finden und je nach Steigungsgrad und Untergrund immer ein wenig mit der Position Ihres Schwerpunkts spielen. Bewährt hat sich auch, auf die Sattelnase zu rutschen, um Druck auf beide Reifen zu bringen. Dabei am besten die Ellenbogen unter den Lenker bringen, so als ob Sie den Lenker nach unten

Wählen Sie die optimale Linie, dazu bedarf es etwas Erfahrung.

ziehen wollen. Diese Sitzposition ist nicht gerade bequem, hält aber das Vorderrad unten.

Kraft und Pedalieren Um das Bike immer schön in Bewegung zu halten, muss gleichmäßig Kraft in den Antrieb gepumpt werden. Wird die Kraft zu groß, dreht das Hinterrad durch. Reicht die Power nicht, bleibt man hängen. Achten Sie auf einen sauberen, runden Tritt. Wenn Sie die Pedale wie ein Dampfhammer immer nur nach unten drücken, dreht das Hinterrad viel schneller durch.

Technische Anstiege

Alle Tipps, die für steile Anstiege gelten, sollte man auch bei technisch schwierigen Auffahrten berücksichtigen – und dabei ständig auf die beste Linie achten. Versuchen Sie, die Steine, Wurzeln und Äste mit möglichst wenigen Stolperstellen zu passieren. Sondieren Sie das Gelände etwa fünf Meter vor Ihrem Vorderrad und suchen Sie sich die beste Linie. Nicht plötzlich umentscheiden, bleiben Sie auf dieser Linie, denn jedes Zögern kann Sie aus dem Tritt bringen und Sie bleiben hängen.

Lange Anstiege

Auch für lange Anstiege gelten alle diese Regeln, je nach Untergrund und Steigungswinkel des Anstiegs. Wenn es sich um einen längeren Anstieg handelt, sollten Sie Ihre Kräfte gut einteilen und das Tempo und den Gang so wählen, dass Sie die ganze Steigung durchhalten können. Um jeden Berg bewältigen zu können, braucht man sowohl Fitness, Kraft, Technik und die richtige Einstellung.

Vielleicht schafft man zu Beginn nicht jede Steigung, aber mit mehr Erfahrung und regelmäßigem Training wird das bald besser werden. Unterteilen Sie den Anstieg im Geist in kürzere Passagen, denken Sie nicht ständig an die ganze Steigung.

Setzen Sie sich nicht unter Zeitdruck, konzentrieren Sie sich lieber darauf, den Berg überhaupt zu schaffen. Wenn Sie erst einmal genügend Selbstvertrauen haben, können Sie immer noch schneller werden.

An sehr schwierigen Anstiegen muss man die Körperposition immer wieder ändern, um ständig die Traktion zu bewahren, damit das Bike nicht stehenbleibt.

Anfahren am Berg auf losem Untergrund

Wieder anzufahren, nachdem man auf einem steilen Anstieg hängengeblieben ist, wird nicht einfach. Oft muss man ein wenig vor oder zurück, oder absteigen, um eine gute Startposition zu finden. Am besten sucht man sich eine etwas flachere Stelle oder einen Bereich, der gute Traktion verspricht, wie einen Felsabschnitt. Legen Sie keinen zu großen Gang ein, sonst müssen Sie gleich wieder stoppen. Stellen Sie Ihren bevorzugten Fuß (mit dem Sie sonst auch starten, dieser ist meistens kräftiger) nach oben und ziehen Sie beide Bremsen. Nun Druck aufs Pedal und die Bremsen loslassen. Kaum fährt das Bike an, den anderen Fuß aufs Pedal setzen und vorsichtig weiterpedalieren, aber mit Kraft. Ein guter Trick: Diagonal, fast quer zum Weg, anfahren und nach den ersten Kurbelumdrehungen wieder direkt nach oben steuern.

Kontrolliert Downhill zu fahren, erfordert Übung und einige Kraft im Oberkörper.

Um ein gleichmäßiges Tempo bei der Tour halten zu können, sollte man lernen, an steilen Anstiegen ohne Probleme anzufahren.

Downhill

Erste Regel: locker bleiben. Mit steifen Armen und Beinen werden Sie nicht nur durchgeschüttelt, auch das Bike kann kaum die Spur halten. In einer gebeugten Haltung mit abgewinkelten Ellbogen und Knien, der Po berührt nur leicht den Sattel, kommt man angenehmer, schneller und sicherer bergab. Wenn Ihr Schwerpunkt mehr über und hinter dem Sattel liegt, haben Sie größere Bewegungsfreiheit und das Bike kann Stöße und Schläge besser schlucken. Stellen Sie den Sattel um drei bis vier Zentimeter nach unten, das bringt mehr Sicherheit. Konzentrieren Sie sich auf eine saubere Linie vor Ihnen, nicht auf die Hindernisse auf dem Weg.

Kurze schnelle Abfahrten

Auf kurzen schnellen Abfahrten von Kuppen oder Kanten sieht man meisten bis zum Ende und kann so eine durchgängige Linie wählen. Dann mit vollem Speed hinunterfahren, das bringt Schwung und spart Energie, falls es auf der anderen Seite wieder bergauf geht. Am wichtigsten ist es, sich an diesen kurzen Abfahrten eine saubere Fahrspur auszusuchen und diese wirklich auch so weit wie möglich wieder bergauf zu verfolgen.

Lange Abfahrten

Auf langen Abfahrten wechseln sich häufig einfache Passagen und schwierige Stellen ab. Da man meist nicht die ganze Abfahrt überblicken kann, teilt man sich den Downhill ein und betrachtet das Ganze wie in bewegten Passagen. Schauen Sie mindestens 15 Meter vor sich, je nach Geschwindigkeit und natürlich wenn es der Weg erlaubt, und wählen Sie eine bestimmte Fahrlinie. Bleiben Sie auf dieser Linie und stellen sich immer wieder neu auf das Terrain ein. Das klingt jetzt komplizierter als es in Wirklichkeit ist. Wenn man oft Downhill fährt wird diese Einstellung sozusagen zur zweiten Natur. Halten Sie auf Ihren ersten Abfahrten immer ein Tempo ein, das Sie ohne größere Schwierigkeiten in Griff haben. Auch wenn die Versuchung, zu rasen groß ist –, wenn Sie immer über dem Limit fahren, strengen Sie sich zu sehr an, und das erhöht die Fehlerquote und verursacht womöglich einen Sturz.

Technische Abfahrten

Technisch schwierige Abfahrten sollten nicht mit hohem Tempo in Angriff genommen werden, außer man hat vorher die Strecke inspiziert und weiß genau die Hindernisse und schwierigen Stellen, die auf einen zukommen. Selbst wenn Sie die Strecke kennen aber sie schon lange nicht mehr gefahren sind, sollten Sie den Kurs lieber langsamer angehen. Gerade nach Regenfällen gibt es sonst böse Überraschungen.

Professionelle Downhill-Fahrer gehen den Kurs normalerweise zu Fuß ab und trainieren an speziellen Stellen, bis sie die optimale Linie gefunden haben und mit maximalem Tempo fahren können. Eine gute Vorbereitung ist auch, sich den Kurs vor dem geistigen Auge vorzustellen, bevor man ihn abfährt – und sich an alle Tipps und Hinweise aus diesem Buch zu erinnern. Außerdem sollte man für technische Abfahrten immer entsprechende Schutzkleidung tragen, wie einen Downhill-Helm, lange Handschuhe, Oberkörper-Protektoren und schützende Hosen, wie Motocross-Hosen mit integrierten Protektoren.

Serpentinen

Serpentinen-Abfahrten sind wie kurze Downhills ohne die folgenden Auffahrten. Daher sollte man hier immer das Tempo für die nächste Kehre oder mögliche Überraschungen unter Kontrolle haben. Die beste Technik besteht darin, eine gute Linie zwischen den Kurven zu finden und vor jeder Spitzkehre genügend Raum einzuplanen, um abzubremsen und die Kurve anzugehen. Vermeiden Sie , erst in der Kurve zu bremsen, weil man dadurch das Bike nicht mehr optimal kontrollieren kann und die Verlagerung des Schwerpunkts durch das Bremsen das Bike nach außen zieht und man kaum noch durch die Kurve kommt.

An kurzen Abfahrten sieht man genau seine Linie und das kommende Terrain und kann so das Tempo halten und Schwung mitnehmen für die kommende Auffahrt.

Nicht verkrampfen! Eine lockere Körperhaltung erlaubt bessere Kontrolle.

1

Stufen fahren: Schritt 1 *Suchen Sie sich eine gut fahrbare Linie und rollen langsam an die Kante heran. Wenn das Vorderrad über die Stufe rollt, schieben Sie Ihre Hüfte nach hinten über den Sattel und bremsen nur noch mit der Hinterradbremse (wenn Sie mehr Übung haben, können Sie später auch kontrolliert die Vorderradbremse einsetzen).*

2

Stufen fahren: Schritt 2 *Wenn Sie über die Kante gerollt sind, strecken Sie Arme und Beine , halten sie aber noch leicht gebeugt und ziehen die Hinterradbremse (achten Sie darauf, dass sie nicht blockiert). Wenn Sie Ihr Gewicht hinten behalten, bleibt die Traktion erhalten. Ist das Rad unten angekommen, schieben Sie die Hüfte wieder nach vorne über den Sattel.*

Stufen abwärts

Geländestufen gehören genau so zum Mountainbiken wie Schlammpassagen oder Anstiege. Man sollte immer wissen, wann man eine Stufe fahren, kann oder lieber absteigen sollte. Eine Stufe langsam hinab zu fahren, ist eine mögliche Technik. Man verlagert sein Gewicht so weit wie möglich nach hinten und rollt mit dem Bike über die Kante. Diese Technik funktioniert am besten an Stufen, die nicht ganz senkrecht verlaufen und die am Ende einen weichen Übergang ins Flache aufweisen. So kann das Vorderrad weiter rollen und bleibt nicht in einem Graben oder einem Knick hängen. Rollen Sie nicht über steile, fast senkrechte Kanten.

Drop off

Drop off heißt die Technik, bei der man an Stufen mit flacher Landung das Vorderrad hochreißt, anstatt die Kante hinunter zu rollen.

1

2

Drop off: Schritt 1 *Beim Anfahren an die Kante verlagert man das Gewicht nach hinten und bereitet sich darauf vor, nicht nur am Lenker nach oben hinten zu ziehen, sondern auch noch eine kräftige Pedalumdrehung zu machen, um das Vorderrad vom Boden zu heben.*

Drop off: Schritt 2 *Fahren Sie in mittlerem Tempo an die Kante heran. Wenn Sie zu langsam ankommen, wird das Vorderrad nach unten kippen und hängenbleiben. Sind Sie zu schnell, fliegen Sie zu weit und die Landung wird entprechend hart ausfallen. So beschädigen Sie Ihr Bike oder riskieren einen Crash (wer den Wheelie schon beherrscht, tut sich mit dieser Technik leichter).*

Das Gelände

Nur wenn man verschiedene Geländeformationen kennt und weiß, wie man damit umzugehen hat, behält man sein Selbstvertrauen – aber nur, wenn man wirklich immer wieder mit dem Bike unterwegs ist.

Große Steine und Felsen

Große Steine umfährt man besten oder springt darüber, wenn davor und dahinter genügend Platz für Absprung und Landung vorhanden ist. Bei langsamer Geschwindigkeit und relativ großen Steinen gibt es eine spezielle Technik, mit der man auch steile Kanten und Vorsprünge meistern kann. Dazu fährt man relativ langsam und entspannt an (man kann immer noch Gas geben, wenn es hakelig wird) und in einem mittleren Gang (am besten vorne das mittlere Blatt, hinten auch einen mittleren Zahnkranz).

Kleine Felsen und Steine

Bei dieser Art von Untergrund ist man ganz schön gefordert, denn kleine Steine können wie Kugellager wirken: Das Bike rutscht einfach weg. Bremsen und Lenken wird schwierig, und man muss sich erst mit diesem Zustand vertraut machen, um die Kontrolle übers Bike zu behalten.

Denken Sie immer daran, dass Sie Ihr Bike auf losem

1

2

***Anfahrt an Hindernisse: Schritt 1** Kurz bevor das Vorderrad das Hindernis berührt ziehen Sie den Lenker nach oben und geben gleichzeitig Druck auf das vordere Pedal – so als ob Sie einen Wheelie fahren wollten. Heben Sie das Vorderrad so weit hoch, dass es auf den Baumstann oder die Felsstufe hinaufkommt.*

***Anfahrt an Hindernisse: Schritt 2** Wenn das Vorderrad auf dem Hindernis gelandet ist, schieben Sie schnell Ihren Körperschwerpunkt nach vorne, um den Schwung mitzunehmen und gleichzeitig das Hinterrad zu entlasten (macht man dies schnell genug, lastet gar kein Druck mehr auf dem Hinterrad).*

***Anfahrt an Hindernisse: Schritt 3** Nicht aufhören zu treten, wenn das Hinterrad gegen das Hindernis stößt. Da Ihr Körpergewicht vorne über dem Lenker liegt und Sie noch Schwung haben, wird das Hinterrad auf das Hindernis rollen. Kaum sind Sie darüber, können Sie Ihr Gewicht wieder über die Mitte des Bikes verlagern.*

3

A

B

A Falls der Graben relativ schmal und nicht zu tief ist, springt man am besten mit dem Bike komplett auf die andere Seite.
B Tiefe weite Gräben erfordern Übung. Achten Sie dabei immer auf die richtige Körperposition über dem Bike.

Untergrund und Schotter nicht so im Griff haben können wie auf festem Boden. Sie müssen stattdessen lernen, sich zu entspannen und locker zu bleiben, Ihr Bike mehr zu dirigieren als wirklich zu lenken. Dies schaffen Sie am besten, wenn Sie sich bestimmte Punkte oder eine Linie vorher aussuchen und versuchen, dieser zu folgen. Versuchen Sie ruhig einmal, nicht direkt zu lenken, sondern das Bike mit Ihrem Körpergewicht zu bewegen, das Rad mit dem Blick und einer Ganzkörpersteuerung dahin zu bringen, wo Sie hin wollen.

Auch Ihre Bremsgewohnheiten müssen Sie auf lockerem Terrain umstellen. Auf Abfahrten sollte das Körpergewicht immer hinten liegen, damit das Vorderrad die Führung behält. Ziehen Sie so wenig wie möglich an der Vorderbremse – vor allem nicht in Kurven – denn das Vorderrad hat schon genug damit zu tun, die Spur zu halten. Also, hauptsächlich hinten bremsen, vorne fast gar nicht. Die Reifen sollten beim Bremsen nicht blockieren, denn ist das Bike einmal im Rutschen, werden Sie schneller statt langsamer und schon ist die Kontrolle dahin.

Gräben

Gräben sollte man möglichst immer im 90-Grad-Winkel passieren. Bleiben Sie in einem Graben hängen, führt das unweigerlich zum Sturz und das Bike kann beschädigt werden. Schmale Rinnen kann man überspringen (siehe Seite 43), aber für breite Gräben braucht man eine andere Lösung. Ist die Rinne breit genug, kann man einfach hindurch fahren. Gewicht nach hinten beim Hineinrollen und energisch wieder hinaus auf der anderen Seite. Treten Sie weiter und verlagern Sie Ihr Gewicht nach vorne in der Mitte des Grabens, wie beim Überfahren von großen Hindernissen oder Stufen. Nur müssen Sie diesmal Ihr Vorderrad sauber durch eine Rinne lenken, statt über einen Baumstamm.

Eine enge, V-förmige Rinne, wie sie durch abfließendes Wasser entsteht, ist jedoch eine schwierige Angelegenheit. Meistens sind sie etwa 50 Zentimeter breit und ebenso tief. Natürlich kann man sein Bike auch einfach schnell darüber heben, aber es gibt auch ein paar Tricks, wie man dies im Sattel bewältigt.

Am besten setzt man ein Wheelie mit dem Vorderrad über den Graben an und verlagert seinen Schwerpunkt leicht nach vorne, wenn das Hinterrad in die Rinne fällt – immer weitertreten, bis man draußen ist.

Falls Sie längs in einem Graben fahren, suchen Sie sich eine Stelle, wo die Seitenwände nicht zu steil sind, um herauszukommen. Man könnte auch einen seitlichen Bunny Hop probieren (siehe Seiten 42–43), aber wenn die Rinne zu tief ist, hilft nur eins: anhalten und rausklettern.

Sand

Sandpassagen können einen ganz schön aus dem Tritt bringen, aber im Prinzip bewältigt man sie wie lockere Steine oder losen Schotter. Lenkmanöver bringen gar nichts, weil sich dabei nur das Vorderrad eingräbt und man keine Richtungsänderung zustande bringt. So kommen Sie am besten durch:

- Möglichst schnell anfahren. Körpergewicht nach hinten, den Punkt fixieren, an dem Sie ankommen wollen.
- Halten Sie das Tempo, indem Sie weich, aber kräftig, in die Pedale treten. Durch dicken, lockeren Sand zu fahren, ist wie Surfen – schwimmen Sie mit dem Strom. Bedenken Sie auch, dass Spuren von Vorgängern oder Autos meist fester sind, weil dort der Sand vom Gewicht des Fahrzeugs gepresst wurde und man auf dieser Spur leichter durchkommt.

Wurzeln

Baumwurzeln sind für viele Fahrer wie ein Fluch. Wenn man sie diagonal oder auf einer Schräge überquert, ist ein Sturz nahezu programmiert. Nasse und rutschige Wurzeln sind sogar noch schlimmer. Entweder hebt man das Bike gleich darüber oder versucht, mit einem halben Wheelie das Vorderrad sicher auf die andere Seite zu bringen und dann mit entlastetem Hinterrad zu rollen. Dabei keine Kraft auf die Pedale bringen, sonst dreht das Hinterrad garantiert durch.

Baumstämme

Baumstämme sind wie große Steine und man kann auch die gleiche Technik anwenden, um darüber zu fahren. Der Unterschied besteht darin, dass das Vorderrad schon wieder auf dem Boden ist, wenn das Hinterrad gegen den Stamm prallt. Deshalb sollte man dabei sein Gewicht nicht zu weit nach vorne bringen. Kleinere Baumstämme mit Bunny Hops (siehe Seiten 42–43) überqueren.

Baumstämme sind lohnenswerte und dankbare Hindernisse. Fangen Sie jedoch mit kleinen Herausforderungen an und arbeiten sich zu dicken Hindernissen weiter, wenn Sie sich sicherer fühlen.

Wasserdurchfahrten sind aufregend und erfrischend. Achten Sie auf Hindernisse unter der Wasseroberfläche. Pflegen Sie Ihr Bike gut, wenn Sie oft durch Wasser fahren.

Mit guter Kurventechnik kommt man flott und sicher um die Ecke und vermeidet Stürze.

Wasserdurchfahrten

Wasserdurchfahrten sind immer sehr aufregend und haben ihren eigenen Reiz – vergessen Sie aber nicht, die Wassertiefe zu checken und die Durchfahrt auf Steine und Löcher zu überprüfen, auch wenn Sie die Durchfahrt bereits kennen. Falls Sie die Wasserdurchfahrt überhaupt nicht kennen oder schon lange nicht mehr durchgefahren sind, sollten Sie die Passage in gemäßigtem Tempo oder zu Fuß absolvieren. Albert Iten, in seiner aktiven Zeit einer der besten Schweizer Abfahrer, hat einmal treffend bemerkt: »Es ist besser, sein Bike übers Wasser zu tragen, weil Feuchtigkeit und Schlamm auch die Schaltung und die Bremsen beeinträchtigen. Lieber hole ich mir nasse Füße, die wieder trocknen, als dass etwas am Bike nicht mehr funktioniert.« Wenn man sich sicher fühlt, kann man natürlich Volldampf voraus durch den Bach fräsen – dabei das Gewicht immer ein wenig nach hinten verlagern.

Kurven fahren

Auch erfahrene Mountainbiker, die schon jahrelang im Sattel sitzen, haben noch Probleme mit Kurven auf lockerem Untergrund und sind unnötig langsam oder provozieren Stürze. Die Kurvenfahrt unterteilt man in drei Phasen: Anfahrt, Kurvendurchfahrt und Ausfahrt. Dabei achtet man immer auf das Tempo, den Untergrund und die eigene Position auf dem Bike.

Keine Tricks in der Wildnis

Manchmal muss man sein Bike tragen, aber meistens trägt einen das Bike. Beurteilen Sie je nach Situation oder Gelände, was gerade besser ist.

- Probieren Sie keine neuen Tricks in unwegsamem Gelände oder weit entfernt von Ihrem Standort.
- Versuchen Sie keine schwierigen Manöver, wenn Sie allein unterwegs sind. Man ist sicherer in einer Gruppe von Freunden, falls man sich verletzt. Oft helfen Tipps und Anleitungen der anderen bei der Fahrtechnik über Hindernisse.
- Gehen Sie nicht an Hindernisse heran, die Sie sich nicht zutrauen oder die Sie noch nicht geübt haben.
- Wichtig: Lernen Sie die richtige Fahrtechnik für die jeweilige Aufgabe!

Kurven fahren: Anfahrt *»Lesen« Sie den Boden vor der Kurve. Sie sollten das höchstmögliche Tempo einschätzen können, die beste Kurvenlinie wählen und beurteilen, wie viel Grip der Untergrund bietet – das wiederum beeinflusst Ihr Anfahrtstempo und die beste Linie. Am Kurveneingang sollten Sie mit einer Geschwindigkeit ankommen, mit der Sie die Kurve bewältigen können. Lieber zu langsam als zu schnell anfahren. Bremsmanöver in der Kurve sind fatal. Bleiben Sie locker und korrigieren Sie eventuell nochmals leicht die gewählte Linie.*

Kurven fahren: In der Kurve *In dieser Phase sollten Sie auf Ihrer gewählten Linie und mit dem richtigen Tempo unterwegs sein. Wenn es um die Kurve geht, bringen Sie Ihr Gewicht nach vorne und ein wenig außen. Der Körperschwerpunkt sollte über einem imaginären Punkt zwischen der Vordernabe und dem Tretlager liegen. Falls Sie jetzt nach unten blicken, sollten Sie die Außenseite des Vorderrads sehen, das zum Kurvenrand hin deutet. Man kann auch das Knie nach innen legen, wie ein Motorradfahrer. Wenn die Kurve nicht zu eng verläuft und genügend Abstand zum Boden vorhanden ist, kann man sogar in der Kurvenmitte ein-, zwei Mal in die Pedale treten, wenn man noch Gas geben möchte. Manche Biker lassen lieber das äußere Pedal unten und belasten es, statt das Gewicht im Sattel zu haben. Dies ergibt eine stabilere Position und mehr Bodenfreiheit auf der Innenseite, kann aber das Gleichgewicht beeinflussen. Drücken Sie den Lenker auf der Innenseite nach unten, um die Traktion des Vorderrads zu erhöhen. Professionelle Downhiller halten die Kurbeln oft waagrecht. So ist man in einer neutralen Stellung und kann besser aus der Kurve antreten. Falls Sie bremsen müssen, ziehen Sie nur an der hinteren, nie an der vorderen Bremse, weil der Vorderreifen sonst die Traktion verlieren könnte und wegrutscht. Manchmal kann man die hintere Bremse benützen, um das Heck einen Moment zu blockieren und kurz rutschen zu lassen. Das sollte man jedoch auf normalen Touren absolut vermeiden, denn man beschädigt damit den Trail und fördert die Erosion, wenn es regnet. Solche Driftmanöver sollte man nur auf Rennstrecken ausprobieren, die auch wieder instand gesetzt werden.*

Kurven fahren: Ausfahrt *Jetzt können Sie wieder Geschwindigkeit gut machen, falls Sie zu langsam in die Kurve hinein gefahren sind oder sogar noch beschleunigen, wenn Sie bereits mit Topspeed unterwegs sind. Am Ausgang der Kurve strecken Sie sich ein wenig und geben gleichzeitig wieder Druck auf die Pedale. Das Bike beschleunigt wie katapultiert aus der Kurve. Gerade dieser Sprint am Kurvenausgang macht Sie schneller als die meisten anderen Biker, und so liegen Sie zu Beginn der Geraden vorne. Aber manche Kurven sollte man auch genießen und womöglich laufen – so hat man mehr vom Rest der Tour*

Fit werden und fit bleiben

Rad fahren ist ein sehr vielseitiger Sport. Für diese Disziplin sollte man Grundkenntnisse in der Sportwissenschaft besitzen, vor allem sportspezifische Trainingsgrundlagen, und dazu wenn möglich Kenntnisse über das spezielle Ausdauertraining. Außerdem ist Rad fahren nicht gleich Rad fahren, sondern man unterscheidet verschiedene Disziplinen wie Zeitfahren, Straßenrennen, Downhill, Cross Country und weitere. Bestandteile wie Ernährung und Nahrungszusätze, Training mit Pulsmessung und, am wichtigsten, Zielsetzung spielen wichtige Rollen für den Erfolg eines Fahrers. Ein Überblick zu all diesen Bereichen bringt sowohl dem Einsteiger wie dem fortgeschrittenen Mountainbiker Vorteile und mehr Spaß bei der Vorbereitung und der Ausübung ihres Hobbys.

Spaß und Spiele

Man könnte das Mountainbike-Training nach folgenden Punkten aufteilen, die auch Spaß und Spiele beinhalten:

Zielsetzung, damit beginnt das Training

Umsetzung, das Ziel erfordert einen Aktionsplan, wie man dieses Ziel erreichen könnte und erfordert eine persönliche Einstellung.

Motivation, die durch den Plan zur Umsetzung erreicht wird, sodass man auch dabei bleibt. Mit genügender Motivation erkennt man die ersten Erfolgsschritte schon vor dem geistigen Auge. Denken Sie daran: Positives Denken fördert den Erfolg – aber es ist ebenfalls immer noch harte Arbeit nötig.

Genuss ist ein wesentlicher Bestandteil der Herausforderung. Spaß und Genuss verlocken einen zum Training.

Erfolg Wenn Sie all diese Schritte berücksichtigen, werden Sie schon bald die ersten Erfolge in Ihr Trainingstagebuch eintragen können. Außerdem gibt es dann genügend Gesprächsstoff über die neue Selbsterfahrung bei den entspannten Plauderrunden nach der Tour.

Rennradsport war immer das Aushängeschild des Radsports, aber in den letzten zehn bis fünfzehn Jahre hat sich Mountainbiken als eigene Sportart immer mehr durchgesetzt. Viele der Straßenprofis haben ins Lager der Mountainbiker gewechselt und auch ihre professionellen, wissenschaftlichen Trainingsmethoden mitgebracht. Heutzutage sind erfahrene Mountainbiker echte Profis, die sich gewissenhaft vorbereiten und hart trainieren. Diese Einstellung hat den gesamten Mountainbike-Sport beeinflusst, sodass heutzutage auch Einsteiger und Fortgeschrittene sich bemühen, alles von vornherein richtig zu machen. In unserem hochtechnisierten Zeitalter sind dabei Hilfsmittel wie Pulsmesser oder leistungsverbessernde legale Präparate selbstverständlich geworden. In diesem Kapitel erfahren Sie alles über die Grundlagen für den Erfolg im Mountainbike-Sport, egal ob Sie Einsteiger oder fortgeschrittener Biker sind.

oben und rechts Regelmäßig mit anderen oder in einer Gruppe zu fest vereinbarten Zeiten zu biken, macht ein konstantes Training leichter und man erreicht so die gesteckten Ziele.

Die persönlichen Ziele, die man sich gesetzt hat, sollten realistisch sein. Wenn sie unerreichbar sind, wird man schnell frustriert und gibt womöglich auf.

Zielsetzung

Ein bestimmtes Ziel zu setzen oder eine Leistung anzustreben, ist eines der wichtigsten Dinge für jeden Sportler oder Mountainbiker. Damit sind die Prioritäten und der Weg bestimmt, auf dem der Radfahrer zum gewünschten Erfolg kommen möchte. Egal, welches Leistungsniveau man hat, man sollte wissen, welche Stufe man erreichen möchte.

Eine Zielsetzung ist zunächst eine persönliche Sache und man sollte das wie einen Vertrag mit sich selbst betrachten. Wenn man sich für seine eigenen Aktivitäten wirklich verantwortlich fühlt, lassen Erfolg und Spaß nicht lange auf sich warten. Durch klare Zielsetzung steckt man den persönlichen Weg ab. Dadurch kann jeder bestimmen, was er aus jeder Bike-Tour macht, wieviel er für sich herausholt. Erst durch Zielsetzung legt man den Weg zum Erfolg, aber man muss sich über folgende Punkte klar sein:

- **Persönliche Ziele** Ein Ziel muss ein persönliches Ziel sein. Wenn man hauptsächlich Downhill-Rennen mag, sich aber in den Kopf setzt, ein großes Cross-Country-Rennen zu fahren, weil das jeder tut, wird man mit Sicherheit eine große Enttäuschung erleben.
- **Wachsende Ziele** Ein Ziel sollte sowohl systematisch wie auch wachsend sein. Deshalb setzt man sich kurzfristige Ziele (6 Monate), mittelfristige (12 Monate) und langfristige (endgültige) Ziele.
- **Erreichbare Ziele** Ziele, die man nicht erreichen kann, sind sinnlos. Nur Erfolg nährt weiteren Erfolg.
- **Realistische Ziele** Dieser Punkt ist ähnlich zu erreichbaren Zielen. Man wird keinen Erfolg haben, wenn die Ziele nicht realistisch sind. Ziele, die zu leicht oder zu schwierig sind, führen zur Frustration.
- **Anpassbare Ziele** Wenn man sich verletzt, krank wird oder zu schnell sein Ziel erreicht, muss man es neu setzen.
- **Flexibiliät** Manchmal kann man auch Erfolge bei einer Veranstaltung erzielen, die nicht Teil der großen Planung sind. Beurteilen Sie in Ruhe die Situation und wägen Sie ab, ob es sich lohnt, dieses Ziel anzustreben, auch wenn es nicht unbedingt Ihren Zielvorstellungen der langfristigen Planung entspricht.
- **Spaß** Das Training muss auch Spaß machen. Man ist besser motiviert, wenn man genießt, die Ziele zu erreichen und das auf eine Art, die einem gefällt.

Die Kunst des Trainings

Manchmal kommt Erfolg auch durch Zufall. Erfolg basiert aber nicht auf Zufall, sondern eher auf sorgfältiger Planung und auf regelmäßigem Training.

Anders als beim Rennradfahren, wo man sich meistens nur auf seine Trittfrequenz konzentriert und versucht, zu überleben, bietet Mountainbiken Abwechslung auf drei Arten: Die Landschaft, die Begleitung und die Schwierigkeiten oder den Genuss durch das Gelände. Dadurch wird man leicht abgelenkt, und man vergisst oder vernachlässigt die wichtigen Komponenten des Trainings.

Ausdauertraining ist eine echte Wissenschaft und daher sollte man entsprechend herangehen. Egal, auf welchem Leistungsniveau, Ausdauersport braucht eine wissenschaftliche Wertschätzung. Einen Wettkampf (erfolgreich) zu beenden funktioniert nicht ohne fundiertes Training.

Trainingsgrundsätze

- **Einstellung des Bikes** Das Bike muss optimal auf den Fahrer und die Veranstaltung eingestellt und präpariert sein (für Cross Country natürlich anders als für einen Downhill beispielsweise). Passt das Fahrrad nicht zu Ihnen oder zum Wettbewerb, verschwendet man unnötig wertvolle Energie, das gilt auch für Profis.
- **Steigerungsprinzip** Wenden Sie das progressive Steigerungsprinzip an. Steigern Sie die Belastung – entweder Intensität oder Dauer – jede Woche um 10 Prozent. Falls Sie als Einsteiger bei Null beginnen und dreimal in der Woche 30 Minuten bei geringer Intensität (ungefähr 60 Prozent) fahren, erhöhen Sie die Trainingsdauer um 10 Prozent jede Woche (siehe auch Puls-Training auf Seite 60).
- **Spezifisches Training** Um Ihre Leistung auf dem Mountainbike zu erhöhen, sollten Sie auch hauptsächlich Mountainbike fahren. Im Training nur zu laufen beispielsweise, wäre nicht so effektiv. Viele Mountainbiker integrieren auch andere Sportarten in ihr Trainingsprogramm, aber diese dienen nur als Ergänzung des spezifischen Trainings. Um als Mountainbiker wirklich besser zu werden, hilft zunächst nur biken. Training auf der Straße ergänzt die Fitness auf dem Bike und ist eine angenehme, nicht so fordernde, Trainingseinheit wie im Gelände. Falls Sie als Einsteiger wenig Zeit haben und nur drei Mal die Woche trainieren können, sollten Sie diese Zeit auf Ihrem Mountainbike verbringen.
- **Grundlagentraining** Richtig zu trainieren ist, wie ein Haus zu bauen. Zuerst muss man das Fundament legen, bevor man weiterbaut, damit das Haus auch sicher steht. Diese Grundlagenphase bereitet den Körper mit leichtem

Zu einem erfolgreichen Trainingsprogramm gehört auch das bewusste Stretching der unteren und oberen Extremitäten und des Rumpfs. Man kann natürlich auch sein Bike beim Stretching mit einsetzen.

Eins nach dem anderen

- **Grundlagenausdauer (3 Wochen – 3 Monate)**

Als Einsteiger sollte man drei oder mehr Wochen als Grundlagen-Training gestalten (bis zu 70 Prozent der maximalen Herzfrequenz)

- **Krafttraining (2 Wochen – 2 Monate)**

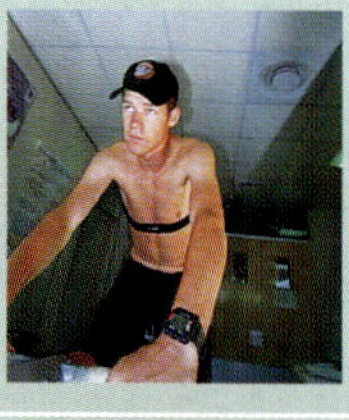

In dieser Phase baut man Kraft auf. Ergänzendes Krafttraining – wie Gewichte oder Fitness-Studio – kann man zusätzlich einbauen, spezifisches Krafttraining sollte auf dem Bike erfolgen. Dazu fährt man am besten sehr bergiges Gelände oder trainiert die Beine einseitig (nur mit einem Bein pedalieren). Ziel dieser Phase ist es, Kraft zu entwickeln, damit man im Rennen auch Downhills durchtreten oder an Anstiegen im Wettbewerb mit Kraft durchzuziehen kann. Kraft oder eigentlich Schnellkrafttraining ist die Kombination aus reiner Kraft und Geschwindigkeit.

- **Überbelastung oder spezifische Phase (2 Wochen – 2 Monate)**

Diese Phase erfordert Disziplin und gute Trainingskontrolle, denn leicht gerät man von einer lockeren Trainingseinheit in eine mittlere Phase, weil man zu schnell unterwegs ist. Denken Sie daran: Mehr oder härter heißt nicht immer automatisch besser. Wenn man in einer erholenden Phase unterwegs ist, sollte man sich auch daran halten und das harte Training für den richtigen Zeitpunkt aufheben. Diese Periode ist die schwierigste, aber auch die spannendste, weil man durch die wachsende Belastung seinen Körper aufgebaut und präpariert hat und nun kurz vor einer entscheidenden Wettkampfphase steht. Vernachlässigen Sie in dieser Periode nicht das Krafttraining, es sollte etwa 15 Prozent der Gesamttrainingsdauer ausmachen. Die herausfordernden und dynamischen Ziele für den Mountainbiker sind hier: Kraftausdauer (die Fähigkeit, über einen langen Zeitraum schnell zu fahren) und Kraft (Kraft und Geschwindigkeit, um in einem Rennen eine Lücke zu schließen oder selbst anzugreifen). So vorbereitet, kann man sich auf ein Rennen richtig freuen!

- **Erholungs- und Wettkampfphase (2 Wochen – 4 Wochen)**

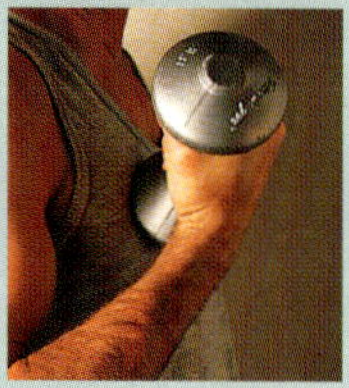

Diese Phase ist oft der frustrierendste Abschnitt im Trainingsjahr, weil man die Belastung in Hinblick auf den großen Wettkampf um 10 Prozent zurückschrauben muss. Oft fühlt man sich zurückgeworfen und hat den Eindruck, Kraft und Fitness, wofür man soviel gearbeitet hat, abzubauen. Aber lassen Sie sich versichern: Der Leistungshöhepunkt kommt im Rennen, wenn Sie die Erholungsphase richtig durchgeführt haben. In der Erholungsphase bleiben Sie ja im Training, können aber schon erste Erfolgsmarken setzen. In den Vorbereitungsrennen für den Hauptwettbewerb werden Sie sicher persönliche Rekorde erzielen.

- **Wiederaufbau-Phase (2 Wochen – 1 oder 2 Monate)**

Diese Phase ist sehr wichtig, da sich der Körper von der Spitzenbelastung oder der ganzen Trainingsphase erholen muss und deshalb kaum Belastung verträgt. Am besten gehen Sie in Urlaub, um erholt und frisch in die nächste Saison zu starten.

Training darauf vor, mehr und härtere Aufgaben zu erfüllen. In dieser Phase wird Ihr Körper präpariert, auch längere Phasen der Überbelastung auszuhalten. Wenn ein Sportler nur eine eingeschränkte aerobe Leistungsfähigkeit besitzt, wird die Phase der Leistungsfähigkeit stark verkürzt. Je besser die Grundlagen, desto länger ist der Zeitraum, über den man eine konstante Leistung bringen kann.

■ **Trainingsphasen für Höhepunkte** Legen Sie die wichtigsten Wettkämpfe des Jahres fest. Der Körper kann im Jahr nur drei bis vier Leistungshöhepunkte erbringen. Danach können nur noch geringere Leistungen erzielt werden. Der Trainingsplan muss also auf diese Höhepunkte abgestimmt werden.

■ **Trainingspausen** Trainingspausen sind immer notwendig, nicht etwa nur als Belohnung für hartes Training. Wenn Sie die Renntermine festgelegt haben, müssen Sie auch entsprechende Ruhephasen in den Trainingsperioden einplanen. Normalerweise arbeitet der Körper in Perioden von 21 bis 26 Tagen, nach dieser Periode muss neben den wöchentlichen Erholungen eine Erholungsphase eingeplant werden. Durch die Festlegung der Erholungsphasen plant man seine kontrollierte Überbelastung. Manchmal ist es schwer, die Überbelastung für den Körper wirklich einschätzen oder feststellen zu können. Der Körper wird in diesem sogenannten Superkompensationsbereich erheblich gefordert. Wenn man ständig sein Trainingspensum steigert, ohne dem Körper Erholung zu gönnen, wird man sich übertrainierung und Leistung abbauen, der Körper wird »ausbrennen«.

■ **Wöchentliche und monatliche Trainingsperioden**: Wie bereits gesagt, erleichtern 21- bis 26-Tage-Perioden oder 7-Tage-Perioden die Trainingsplanung.

Trainingsplanung

Monatsplanung

■ Woche 1 (oder sieben Tage)	Beginn Überbelastung / Ausdauer
■ Woche 2	Überbelastung
■ Woche 3	Pause, Erholungsphase

Wochenplanung

Trainingswoche

■ Tag 1	Grundlagen- oder Erholungsbereich (65–70 Prozent der maximalen Herzfrequenz)
■ Tag 2	Grundlagentraining (bis zu 70 Prozent)
■ Tag 3	Erhöhte Intensität oder Dauer
■ Tag 4	Grundlagentraining (bis zu 75 Prozent)
■ Tag 5	Härteres Grundlagentraining (bis 80 Prozent) oder Zeitfahren
■ Tag 6	Erholungsphase oder Pause
■ Tag 7	Grundlagentraining oder lange langsame Tour

Erholungswoche

■ Tag 1	30–60 Minuten-Fahrt und eine mittlere bis harte Tempo-Einlage (bis 85 Prozent)
■ Tag 2	60 Minuten, Grundlagen (bis 75 Prozent)
■ Tag 3	Pause oder aktive Pause
■ Tag 4	Pause
■ Tag 5	30 bis 90 Minuten, Grundlage (bis 70 Prozent)
■ Tag 6	30 bis 60 Minuten, Grundlage (bis 70 Prozent)
■ Tag 7	Wettkampf oder Training als Wettkampf-Simulation

Pulsmesser

Geräte zur Pulsmessung haben das Training und Rennen revolutioniert. Aber man muss auch wissen, wie diese Geräte funktionieren.

Nachteile

Viele Probleme liegen an schlechter Bedienung, fehlender Übung oder falschem Training.

- **Was beabsichtigt man?** Man muss sich darüber klar sein, was man von einem Pulsmessgerät erwartet. Es gibt verschiedene Modelle, und wenn auch alle Geräte über die Herzfrequenz informieren, sind die persönlichen Anforderungen doch unterschiedlich. So können Pulsmesser zu viel oder manchmal zu wenig Informationen liefern.
- **Lesen Sie die Gebrauchsanleitung!** Etwa 80 Prozent der Käufer von anspruchsvollen Geräten lesen die Gebrauchsanleitung nicht durch.
- **Trainingsbereiche und Werte** Wenn man seine persönlichen Trainingsbereiche und die Prozentwerte der Pulswerte nicht kennt, wird man sich entweder unter- oder übertrainieren. Stellen Sie also sicher, dass Sie Ihren Maximalpuls und Ruhepuls genau wissen. Leider ist die theoretische maximale Herzfrequenz nicht ausreichend. Diese wird oft bei Läufern benutzt und unterscheidet sich von der von Radfahrern. Wettkampffahrer sollten ihren Maximalpuls alle zwei Monate austesten, da sich dieser mit dem Training ändert. Den Ruhepuls täglich aufzeichnen, weil man damit die Karvonen-Gleichung benutzen kann:

  Max HF – Ruhe HF x % + Ruhe HF

  Ihre Trainingsfrequnz ist damit also der Maximalpuls minus Ruhepuls multipliziert mit der Trainingsintensität (in Prozent) zuzüglich des Ruhepulses.
- **Immer benützen** Benützen Sie den Pulsmesser immer, nur so kann man wissenschaftlich trainieren.
- **Der richtige Gebrauch** Benützen Sie die Werte als Grundlagen, nicht als Bestimmungsfaktor im Rennen. Wenn Sie schon vom Start weg Vollgas geben, gibt Ihnen der Pulsmesser Auskunft über Ihre Belastung – diese kann im maximalen Bereich liegen, aber Ihr Puls wird auch wieder nach unten kommen, wenn das Rennen langsamer wird.

Pulsmessgeräte haben das Ausdauertraining revolutioniert. Inzwischen sind Pulsmesser kleine einfache Geräte, die modern und trendy sind. Aber auch diese Trainingshelfer sind nutzlos, wenn man sie nicht korrekt bedient und ihre Funktion auch richtig zu schätzen weiß. Nur richtig eingesetzt hilft ein Pulsmesser, die Leistung zu verbessern, dieses Gerät kann viel mehr als eine Stoppuhr. Holen Sie sich Rat vom Spezialisten, wenn Sie sich beim Gebrauch unsicher fühlen.

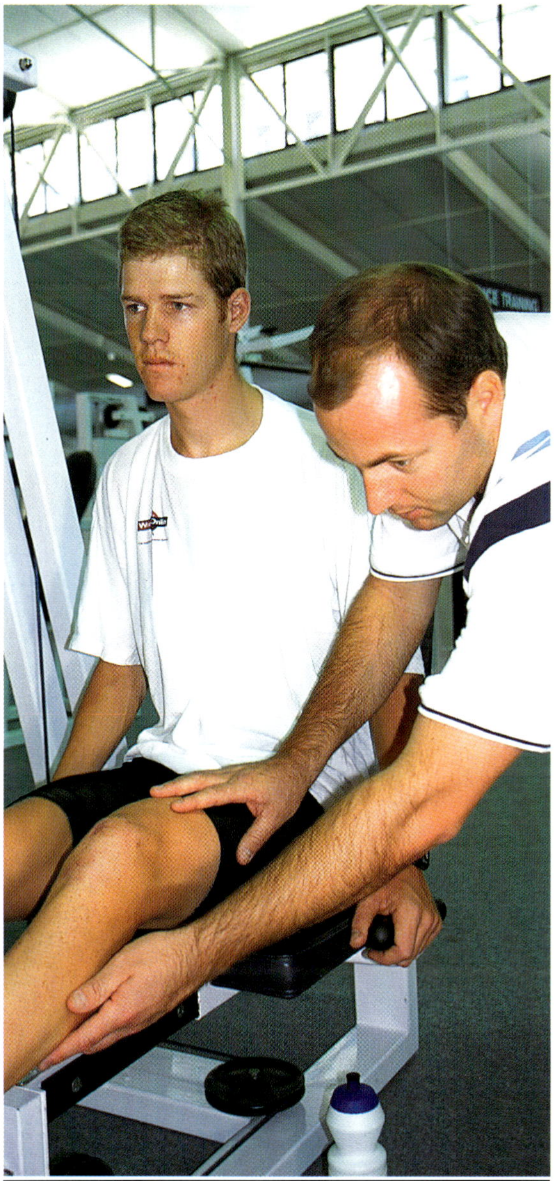

Ihre Fitness hängt auch vom Können Ihres Trainers ab.

Vorteile

- **Überwachung** Überwachung der Herzfrequenz verbessert das Training. Mit Grenzwerten (Seite 57) bleiben lockere Trainingsfahrten locker und hartes Training hart.
- **Persönlicher Betreuer** Ein Pulsmesser vereinfacht das Training und wird zum persönlichen Betreuer. Effektives Training und die prägnante Aufzeichnung sorgen für individuelle Fortschritte.
- **Genauigkeit** Man muss im Training und im Rennen nicht mehr die Belastung erraten, der Pulsmesser liefert eindeutige Zahlen.
- **Wissenschaftliches Training** Alle Sportler können sich wissenschaftliche Methoden leisten.
- **Variationen des Trainings** Anstatt sich nach festgelegten Zeiten zu richten, steuert man über die Pulsmessung die Trainingsintensität und die Dauer, so bleibt das Training abwechslungsreich und man selbst motiviert.
- **Rückmeldungen** Ein Pulsmesser gibt täglich Rückmeldungen über den Trainings- und Leistungszustand.

Obwohl der Pulsmesser das Training optimiert, sollten Sie nun aber nicht Ihr eigenes Körpergefühl ignorieren. Erfolg in Rennen basiert stark auf der persönlichen Erfahrung. Ein Pulsmesser sollte nur als Hilfe und Ratgeber dienen.

Wertvolle Hinweise

- Biken Sie einmal in der Woche mit Freunden und spielen Sie dabei auf und mit Ihrem Bike. So verbessern Sie nicht nur Ihre Fahrtechnik, Sie lernen auch einiges von anderen. Manche BMX-Clubs haben auch eine Mountainbike-Kategorie bei den BMX-Rennen. Üben Sie Sprünge, die Landung, Kurven fahren, Hüpfen und Balancieren. Unterschätzen Sie diese Spielchen nicht, das ist ein wesentlicher Bestandteil des Trainings. Falls Sie gleichermaßen über Zeit und Geld verfügen, können Sie auch beim Motocross Ihre Fahrtechnik auf dem Mountainbike verbessern. Für Cross-Country-Disziplinen muss man fit sein, für Downhill oder Dual Slalom braucht man Fitness und sehr gute Fahrtechnik.
- Warum rosten so viele Räder, Fitness-Maschinen und Heimtrainer in irgendwelchen Kellern und Garagen vor sich hin? Weil man zu einem gelungenen Training auch die Gesellschaft anderer braucht. Wenn man einen festen Tag mit einem Freund ausmacht, um biken zu gehen, wird man dies auch regelmäßig durchhalten. Wenn Sie Mitglied in einem Mountainbike-Club werden, lernen Sie andere Biker kennen und auch neue Routen, auf denen Sie trainieren können.
- Wenn Sie genügend Zeit fürs Training haben, aber keiner Ihrer Freunde mitmachen kann, weil diese zuviele Überstunden machen, bleiben Sie auf jeden Fall bei der Stange und radeln Sie weniger, aber täglich (fahren Sie zum Beispiel mit dem Rad in die Arbeit). Radfahren ist nicht nur ein Sport, es ist eine Lebenseinstellung.

Ergänzendes Training

Forschungen haben ergeben, dass auch Gewichtstraining im Fitnessstudio die Leistung beim Mountainbiken verbessern kann. Das ergänzende Training muss jedoch das spezifische Training sinnvoll unterstützen. Widerstands- oder Gewichtstraining muss daher persönlich auf den Sportler angepasst werden und darf die Trainingsphasen mit dem Bike (siehe Seite 57) nicht unterlaufen.

Beim Spinning kann man sich auf bestimmte Bereiche der Muskulatur konzentrieren und wird nicht abgelenkt wie auf einer Tour.

Spinning

Spinning – pedalieren mit mehr als 100 Kurbelumdrehungen pro Minute – kommt aus den USA, hat sich aber mittlerweile als Teil von Fitnessstudios in der ganzen Welt etabliert. Spinning ist eine Aerobicstunde auf einem Hometrainer und kann das Mountainbike-Training ergänzen. Man betreibt Spinnnig in geschützten Räumen, so ist man nicht wetterabhängig, belastet das anaerobe System und verbessert die Geschwindigkeit beim Treten und die Beinkraft. Aerobes Training ist begrenzt, bis der Sportler geübt ist, mit niedrigen Intensitäten zu trainieren.

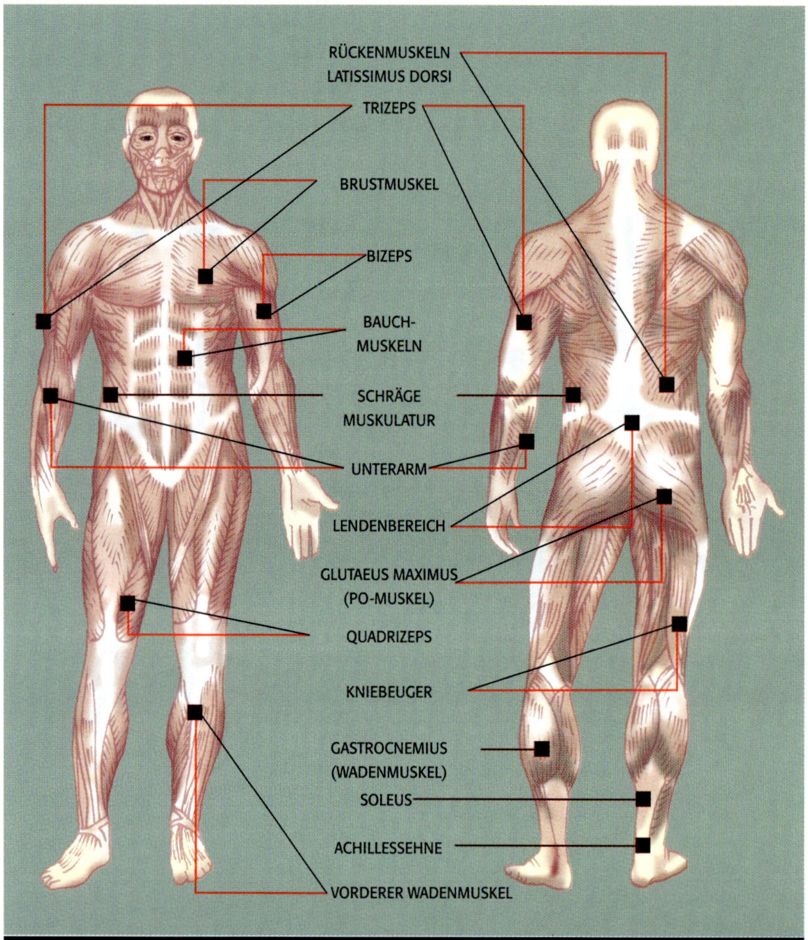

Auch die Muskeln des Oberkörpers sollten beim Fitness-Training berücksichtigt werden.

Muskeltraining

Krafttraining hat nur einen Effekt, wenn alle Muskelfasern überbeansprucht werden. Dies kann man mit Widerstandstraining erzielen. Fortgeschrittene Mountainbiker sollten in der Aufbauphase zwei bis drei Mal pro Woche eine Session im Fitnessstudio einlegen, während des spezifischen Trainings etwa ein- oder zwei Mal. Während der Erholungsphase genügt ein Besuch des Studios und die letzten zwei Wochen vor dem Wettkampf sollte man gar nicht ins Fitnessstudio gehen.

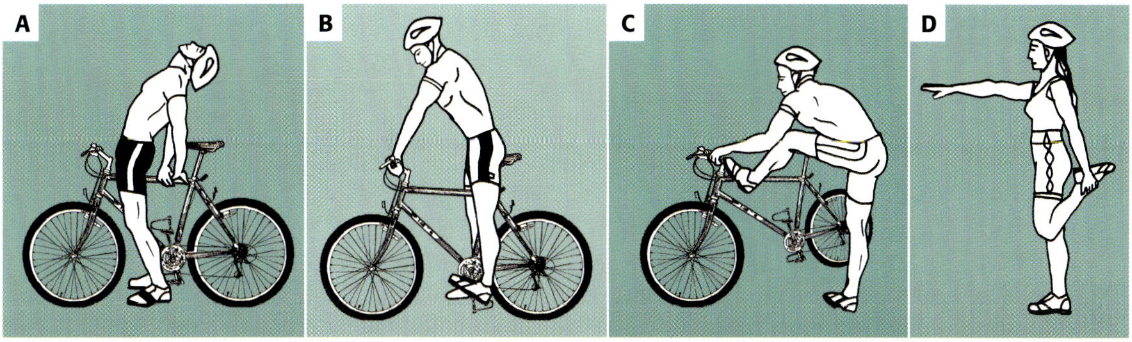

A *Bauchmuskeln dehnen* ***B*** *Unterarme dehnen* ***C*** *Oberschenkel dehnen* ***D*** *Oberschenkel dehnen*

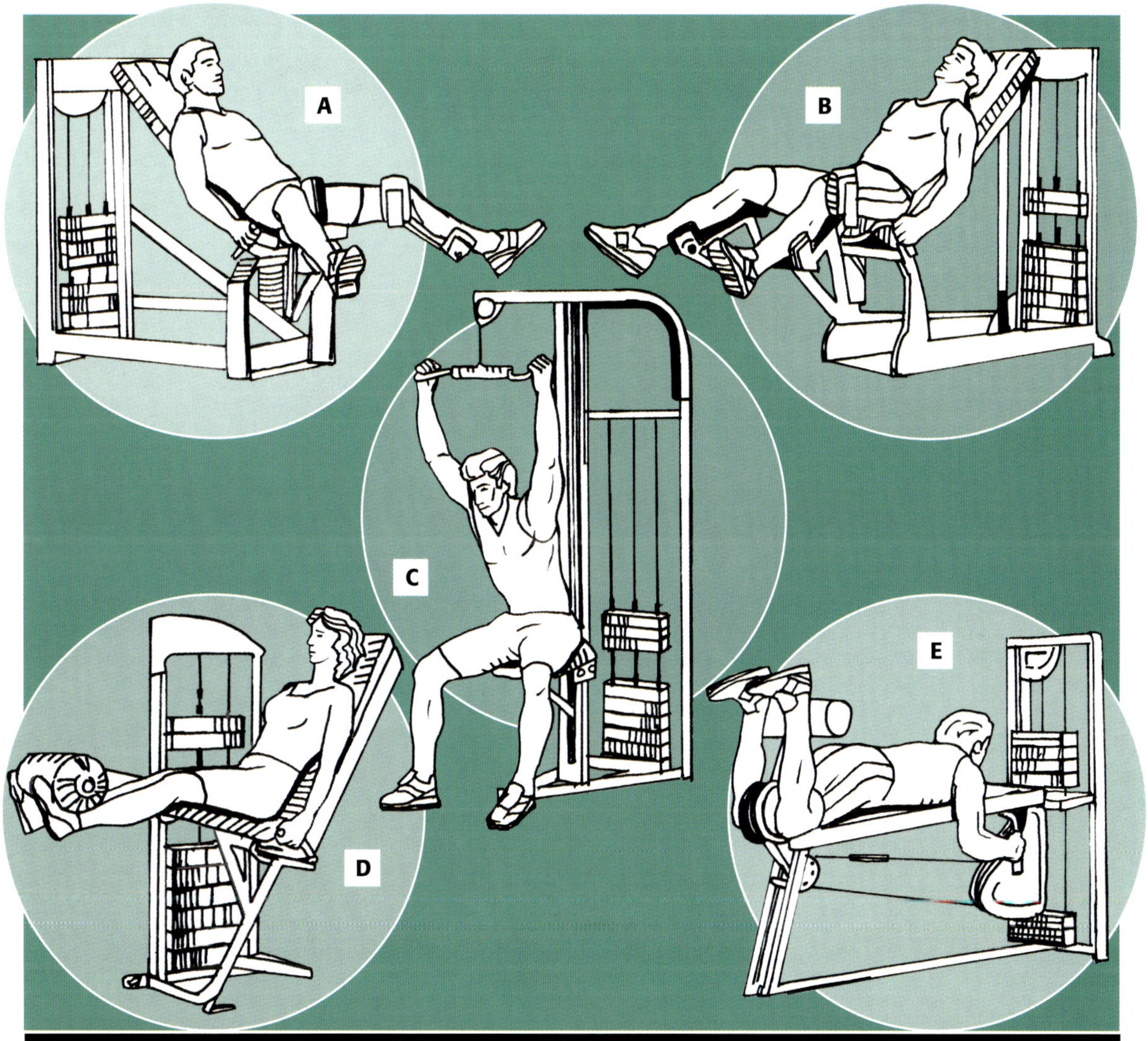

Die Beinscheren-Maschine trainiert sowohl die innere (A), wie die äußere (B) Oberschenkelmuskulatur. Die Armzugmaschine (C) stärkt Bizeps und Trizeps. Der Beinstrecker (D) trainiert den Quadrizeps und die Beinzugmaschine (E) stärkt die hintere Oberschenkelmuskulatur.

Krafttraining für fortgeschrittene Biker

Nur wer seinen eigenen Körper kennt, entwickelt ein Verständnis für die Planung der eigenen Trainingsbelastung – egal, ob man erst angefangen hat oder schon lange Rad fährt. Jeder Sportler hat spezielle Stärken und Schwächen. Das gleiche Trainingsprogramm abzuspulen heißt nicht, die gleiche Leistung zu erzielen Sie müssen eigene Ziele und Fixpunkte setzen und spezielle Trainingseinheiten im Rahmen der eigenen Wettkampfsaison planen.

Fortgeschrittene Biker sollten zwei bis drei Sets mit acht bis zwölf Wiederholungen bei 85 Prozent der maximalen Leistung durchführen (maximale Leistung = Maximalleistung bei einem Versuch).

Stretching

Ab 25 Jahren nimmt die Elastizität der Muskeln ab, doch mit regelmäßigem Stretching kann man dem entgegenwirken und Verletzungen vermeiden. Unterer Rücken (Lenden), Po (Glutaeus) und Oberschenkel sind empfindliche Bereiche, da beim Radeln eine 30-Grad-Beugung des Knies entsteht. Ohne regelmäßiges Stretching verkürzen sich die Muskeln. Das Stretchen 10 bis 20 Sekunden halten. Um die Beweglichkeit zu fördern, sollte man einmal wöchentlich 45 bis 60 Minuten dehnen, dabei bis zu 60 Sekunden halten. Die Körper - und Stretchposition ist passiv, die Dehnung erfolgt progressiv. Um die Beweglichkeit zu steigern, alle 20 Sekunden Dehnen verstärken.

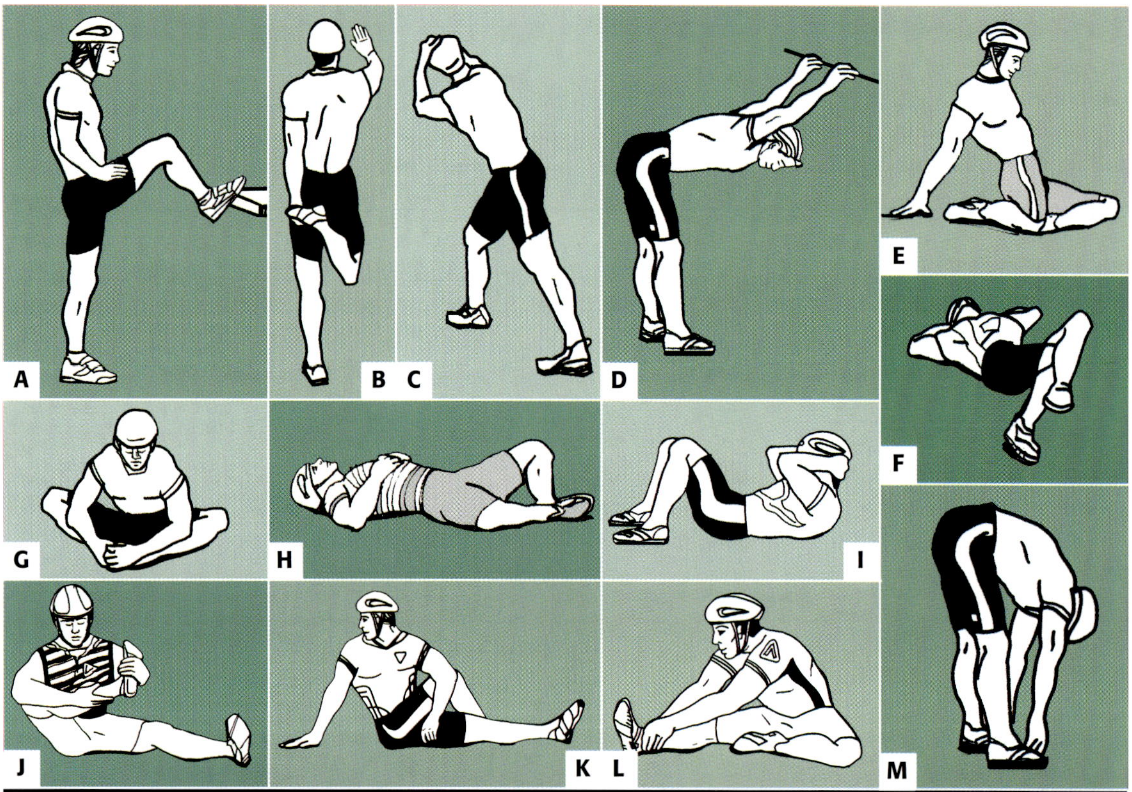

A *Glutaeus maximus*
B *Quadrizeps-Gruppe*
C *Hintere Oberschenkelmuskulatur und Kniesehnen*
D *Deltoideus oder Schulter und Rückenstrecker*
E *Hüftbeuger und Lendenmuskulatur*
F *Hüftmuskulatur, Glutaeus maximus und schräge Bauchmuskulatur*
G *Leistenbereich und Adduktoren*
H *Leistenbereich und Adduktoren*
I *Nacken, Rücken und Bauchmuskulatur*
J *Po-Muskulatur (Glutaeus)*
K *Po-Muskulatur (Glutaeus)*
L *Hintere Oberschenkelmuskulatur und Rücken*
M *Hintere Oberschenkelmuskulatur und Wadenmuskeln*

Fürs Radfahren braucht man pure und regelmäßige Energiezufuhr – gerade bei langen Distanzen. Ausdauerfahrer verbrennen Fett zur Energiegewinnung, deshalb sollten Essen und Trinken gute "reine" Energielieferanten sein.

Nehmen wir ein unraffiniertes – im Gegensatz zu einem »verfeinerten« – Produkt: Vollkornbrot anstelle von Weißbrot, eine gekochte Kartoffel statt Pommes Frites. Viele Nahrungsmittel beinhalten Konservierungs- und Färbungsstoffe, die die Energiezufuhr beeinflussen.

Bevorzugen Sie Nahrungsmittel die aus der Erde kommen. Früchte und Gemüse weisen einen hohen Anteil von Antioxidantien auf, die Vitamin C, Vitamin E, Beta-Carotin, Vitamin B6 und B12 und Selen enthalten. Antioxidantien reinigen den Körper. Training und die Verdauung erzeugen sogenannte »Freie Radikale«, die die Körperfunktionen beeinträchtigen können. Daher genügend Antioxidantien zuführen.

Wasser

Rund 75 Prozent unseres Körpers besteht aus Wasser, das die Entgiftung erleichtert. Kohlenhydrate werden zu Glykogen (Zucker) abgebaut und im Körper als ein Molekül Glykogen und drei Moleküle Wasser gespeichert. Daher sollten Ausdauersportler so viel Wasser wie möglich trinken (etwa acht bis zehn Gläser täglich) und sprudelnde oder koffeinhaltige Getränke vermeiden, die die Aufnahme von Nährstoffen verhindern.

Trinken Sie täglich etwa acht bis 14 Gläser Wasser .

Rotes Fleisch, Fisch und Huhn enthalten Proteine.

Eiweiß

Wir benötigen Eiweiß (Proteine), um unsere 23 Aminosäuren zu versorgen. Aminosäuren sind die Bausteine des Körpers, die die Erholung und den Aufbau nach dem Training erleichtern. Fleisch, Huhn, Fisch, Bohnen, Getreide und Gemüse enthalten Aminosäuren, vor allem die sechs Arten, die der Körper nicht selbst aufbauen kann.

Fett

Aktuelle Studien haben ergeben, dass der Körper Fett als Energiespender benützt, wenn ihm regelmäßig pflanzliches Fett zugeführt wird. Tierisches Fett besitzt einen hohen Cholesterinanteil und ist daher als Energielieferant nicht so gut geeignet. Daher praktizieren viele die sogenannte 60-30-30-Diät, bei der die Nahrung zu 60 Prozent aus Kohlehydraten, 30 Prozent aus Protein und 30 Prozent Fett besteht.

Ernährung im Wettkampf

Im Wettkampf benötigt man Nahrung, die sowohl Elektrolyte wie Kohlenhydrate liefern kann. Überprüfen Sie auf der Verpackung, ob die Produkte die nötige Energie enthalten. Bananen und Früchteriegel sind bei Radlern sehr beliebt.

Die Nahrung nach dem Rennen sollte die Körperspeicher mit Kreatin und Glykogen auffüllen, trinken Sie dazu viel Flüssigkeit, die Glykogene enthält. Nach 45 Minuten sollte man auch Proteine zuführen, um die Aminosäuren und das Kreatin aufzufüllen. Antioxidantien braucht der Körper auch.

Viele Hersteller behaupten von ihren Produkten, dass sie leistungssteigernd sind. Glauben Sie lieber einem Ernährungsspezialisten als den Packungsaufdrucken. Sie können Multivitamine und Mineralien zu sich nehmen, befragen Sie aber vorher Ihren Sportarzt oder Trainingsberater.

Gesund: Fett aus Obst und Gemüse.

Wartung des Mountainbikes

Ein Mountainbike ist eine komplizierte, gleichzeitig aber auch einfach zu beherrschende und effiziente Maschine. Alle Teile sind für eine harte Belastung ausgelegt. Aber jedes Mountainbike wird einmal einen Defekt haben, und um das zu vermeiden – oder es schnell zu reparieren – braucht man das richtige Werkzeug und ein paar Grundkenntnisse.

Reinigungsmaterial

Um das Bike sauber zu halten und unnötigen Verschleiß zu vermeiden, benötigt man folgende Gegenstände:

- einen Eimer mit sauberem Wasser
- einen Eimer mit heißem Wasser mit Seifenlauge (Haushaltsreiniger wie Spülmittel oder Waschmittel)
- Entfetter (umweltfreundlich auf Zitrusbasis, oder Paraffin oder Kerosin)
- verschiedene Bürsten (lange und dünn für schwierige Stellen, groß mit weichen Borsten für den Rahmen und eine harte Bürste für die Felgen und Reifen, eine Zahnbürste ist gut für die Zahnkränze und ähnliche Stellen)
- ein weiches trockenes Tuch (zum trocken polieren)
- einen automatischen Kettenreiniger (als Option, diese Geräte arbeiten gut und sind einfach zu bedienen)

Reinigungsmethoden

- Befestigen Sie das Bike in einem Workstand oder hängen Sie es an Seilen oder Drähten von der Decke.
- Spülen Sie das Bike mit einem Eimer Wasser oder einem Schlauch mit geringem Wasserdruck ab, um den gröbsten Schmutz zu entfernen. Halten Sie den Wasserstrahl nicht direkt auf die Lager, damit kein Wasser eindringt.
- Laufräder ausbauen und einzeln waschen.
- Benutzen Sie den Entfetter, um altes Öl und Schmierstoffe von den Zahnkränzen, der Kette und den Rädchen des Schaltwerks zu entfernen.
- Waschen Sie das Bike mit dem warmen Seifenwasser von oben nach unten ab. Beginnen Sie mit dem Sattel und Lenker und hören mit den Kettenblättern und Kurbeln auf.
- Bremsklötze reinigen und inspizieren, ob sie abgenutzt sind oder sich Teile darin abgesetzt haben.
- Untersuchen Sie die Bowdenzüge und Kabel auf Beschädigungen. Wenn sie abgenutzt oder beschädigt sind, sollten sie ersetzt werden.
- Reinigen Sie die Laufräder und untersuchen Sie die Felgen und Speichenlöcher auf Schäden oder Risse. Schauen Sie sich auch genau die Reifen an, vor allem die Seitenwände, um Löcher oder Risse zu entdecken.
- Untersuchen Sie die Lager der Naben auf Abnutzung oder Schwergängigkeit. Die Naben sollte sich leicht drehen (auch wenn das Fett darin den Lauf etwas bremst). Wenn sich die Naben schwer drehen oder starke Geräusche verursachen, müssen sie gewartet werden. Das gleiche gilt für Kurbeln bzw. Tretlager.
- Drehen Sie die Kurbeln, wenn sich das Bike im Workstand befindet und ziehen Sie seitlich daran. Sie sollten sich leicht drehen und kein seitliches Spiel aufweisen. Legen Sie eine Liste aller Schäden oder möglichen Probleme im Kopf an und machen sich später an deren Reparatur.

Oben: Ein Workstand oder Aufhängen des Bikes hilft bei Reparaturen.
Rechts: Nehmen Sie auf einer Tour immer Werkzeug mit.

Immer schmieren!

Viele Teile eines Mountainbikes sollten immer sauber und gut geschmiert sein, damit sie gut und zuverlässig funktionieren und sich nicht abnutzen.

Die Kette

Sie sollten kein Haushalts- oder Maschinenöl für die Kette verwenden. Benützen Sie ein spezielles Schmiermittel für Fahrradketten, das für Ihre Bedingungen entwickelt wurde. Ein Schmiermittel für trockene Bedingungen wird Staub von der Kette abhalten, aber von Wasser abgewaschen werden. Ein Schmiermittel für Nässe bleibt auch bei Regen auf der Kette, wird aber Staub anziehen. Normales Öl dagegen macht die Kette nicht nur schmutzig, sondern zieht sowohl Staub wie Sand an. So bildet sich eine Schmirgelschicht, wl die Kette übermäßig abnutzt.

Die Sattelstütze

Wenn Sie Ihr Bike reinigen, sollten Sie die Sattelstütze mit einer dünnen Schicht Fett behandeln, damit sie sich nicht im Rahmen festfrisst.

Federgabeln

Die meisten modernen Federgabeln benützen die Dämpfungsflüssigkeit gleichzeitig als Schmiermittel und benötigen daher keine Extra-Schmierung. Benötigt die Gabel Schmierung von außen, benützen Sie nur das vom Hersteller empfohlene Schmiermittel oder lithiumfreies Fett. Verwenden Sie ein herkömmliches Schmiermittel, könnten die Dichtungen angegriffen werden – und die Laufflächen der Teleskopgabel –, und das kann dazu führen, dass die Federgabel nicht mehr arbeitet.

Naben

Dreht man die Laufräder und die Naben laufen rau, muss man sie zerlegen und warten (dazu braucht man normalerweise zwei Konusschlüssel). Falls die Lagerlaufflächen der Naben Beschädigungen wie kleine Löcher oder Riefen aufweisen, müssen die Kugellager ersetzt werden. Die Laufflächen der Kugellager sollten gut gefettet werden. Sehr gute Naben sind zum Teil mit gedichteten Industrielagern ausgestattet. Diese kann man nicht zerlegen. Bei Defekten muss man diese Lager komplett ersetzen.

Einige Komponenten eines Mountainbikes benötigen spezielle Schmiermittel anstelle von normalem Öl oder Fett.

Wichtige Werkzeuge

Radwerkzeug

Dieses Werkzeug benötigt man speziell für Reparaturen am Fahrrad, man erhält es in gut ausgestatteten Radläden.

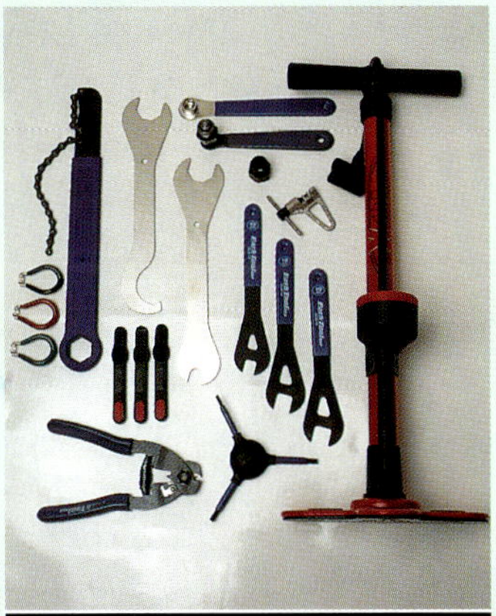

Ohne diese speziellen Radwerkzeuge wird man sein Bike nicht richtig warten können.

- *Bowdenzugschneider*
- *Kettennietdrücker*
- *Kettenpeitsche*
- *Kurbelabzieher*
- *Konusschlüsselsatz*
- *Kassettennuss*
- *Passender Schlüsselsatz für den Steuersatz (falls kein Aheadset am Bike montiert ist)*
- *Gute Hand- oder Fußpumpe (am besten leistet man sich einen richtigen Kompressor mit Anzeige des Luftdrucks)*
- *Speichenschlüssel (dieser sollte für verschiedene Nippelgrößen passen)*
- *Ein Satz Reifenheber*

Für den Notfall

Man kann keinen Werkzeugkoffer mitschleppen, aber diese Werkzeuge sind die Minimalausstattung, die man dabei haben sollte.

Ohne diese Tour-Ausstattung kann man im Notfall einen langen Marsch nach Hause antreten.

- *Mindestens ein Ersatzschlauch mit dem passenden Ventil für die Felge und die Luftpumpe*
- *Ein Standardflickset fürs Fahrrad mit Flicken in unterschiedlichen Größen und Formen*
- *Ein Multi-Werkzeug speziell fürs Rad (mit mehreren Inbus-Schlüsseln, Schraubendreher und anderen nützlichen Werkzeugen für Notreparaturen)*
- *Kettennietdrücker*
- *Ein Satz Reifenheber*
- *Eine gute Hand- oder Fußpumpe*
- *Kleines Taschenmesser*
- *Universalwerkzeug wie Leatherman (optional)*
- *Ein Stück Gummi (oder Reifenflicken) um Schäden am Reifen zu beheben*

Normales Werkzeug

Neben den Rad- und Notfallwerkzeugen benötigt man noch normales Werkzeug für Reparatur und Wartung.

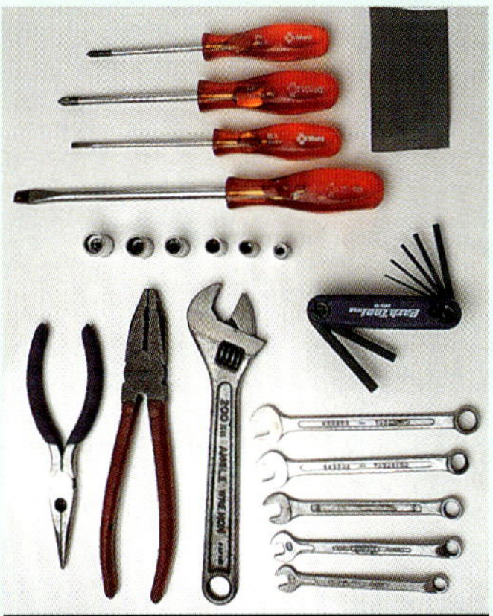

Diese Werkzeuge gibt es in jedem Baumarkt

- *Ein Satz Schraubendreher (Kreuzschlitz- und Flachklingen)*
- *Ein Satz Ring- und Gabelschlüssel (die Größen 6 bis 17 mm sollten reichen)*
- *Ein Satz Nüsse (6–17 mm)*
- *Ein Satz Inbusschlüssel*
- *Kleiner einstellbarer Maulschlüssel (»Franzose«)*
- *Gute Kombizange*
- *Spitzzange*

Für den Werkzeugkasten

- Ersatz-Innenzug für Bremsen
- Ersatz-Schaltzug
- 1 Meter Bremskabel
- 1 Meter Schaltkabel
- Ersatz-Kette
- Zwei Paar Bremsklötze
- Ein Ersatz-Schaltwerk
- Kettenschmiermittel

Grundsätzliche Reparaturen

Beherrscht man kleinere Reparaturen und Wartungsarbeiten, kann man sein Bike selbst in Ordnung halten.

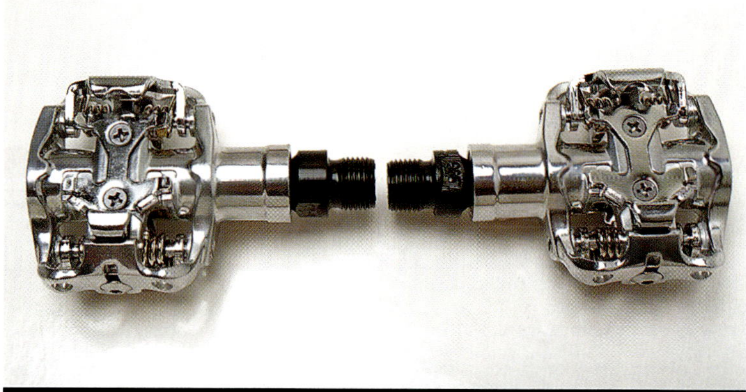

Achtung: Pedale haben je nach Seite unterschiedliche Gewinderichtungen.

Kabelspannung der Bremse einstellen

Prinzip Jeder Bremshebel besitzt eine hohle Kabelspannungsschraube, die einen Längsschlitz aufweist und mit einer Konterschraube fürs Gewinde versehen ist. Diese Schraube führt in den Bremshebel und kann hinein oder hinaus gedreht werden. Der Innenzug verläuft durch diese hohle Schraube, während das Kabelgehäuse anstößt.

Einstellung Dreht man nun diese Schraube heraus (gegen den Uhrzeigersinn), verkürzt man den Bowdenzug, erhöht damit die Zugspannung und die Bremsklötze wandern näher an die Felge (oder die Bremsscheibe).

Hinteres Schaltwerk mit Kabelspannungsschraube (grau). Dreht man sie hinein, verringert man die Kabelspannung.

Die Sattelstütze fixiert man entweder mit einem Schnellspannhebel oder einer Schraube in der Klemmung.

Schaltzug einstellen

Prinzip Die Schaltzüge arbeiten nach demselben Prinzip. Normalerweise befinden sich Einstellschrauben sowohl an den Schalthebeln als auch am Schaltwerk hinten. Drehen Sie die Einstellschraube am Schalthebel für hinten um drei Umdrehungen heraus, und stellen Sie dann das hintere Schaltwerk ein. Das Schaltwerk besitzt zwei Anschlagschrauben, die den Verstellbereich begrenzen.

Einstellung Erhöht man die Schaltzugspannung, wandert das Schaltwerk nach innen und bewegt die Kette auf das größere Ritzel. Verringert man die Kabelspannung, schaltet man sozusagen auf das kleinere Ritzel. Schalten Sie in den »niedrigsten« Gang (kleinstes Ritzel). Vorne liegt die Kette in der Mitte. Drehen Sie die Kurbeln und einen schalten hoch, sollte die Kette auf das nächstgrößere Ritzel springen. Passiert dies nicht, erhöhen Sie die Kabelspannung: Die Einstellschraube herausdrehen. Springt die Kette um zwei Ritzel weiter, verringern Sie die Spannung, indem Sie die Einstellschraube im Uhrzeigersinn drehen, bis die Kette beim Schalten jeweils um ein Ritzel weiterspringt.

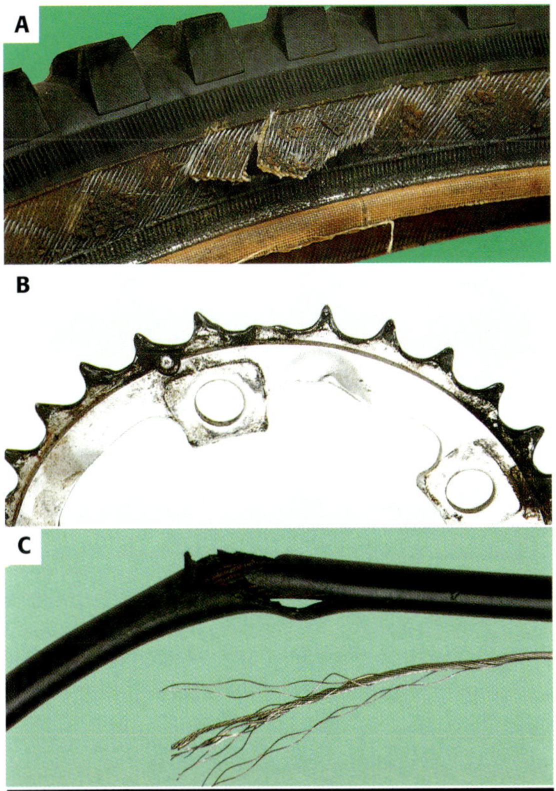

A Passen Sie gut auf die Seitenflanken der Reifen auf. Hier kann es zu Rissen und anderen Schäden kommen
B Abgenutzte Ketten und Kettenblätter austauschen.
C Schlecht gewartete Bowdenzüge können die wichtigen Funktionen wie Bremsen und Schalten stark beeinträchtigen.

Wartung

Vorsorgen ist besser – und billiger – als reparieren.

Die Laufräder

Die Laufräder müssen jede Menge einstecken. Checken Sie immer wieder die Reifen, vor allem die Flanken auf Risse oder Fremdkörper. Ersetzen oder reparieren Sie die Reifen unverzüglich, wenn Sie Schwachstellen entdecken. Rauer Lauf oder Spiel in den Nabenlagern korrigieren!

Untersuchen Sie die Laufräder auf lockere Speichen und den sauberen Lauf der Felge (kein Achter, kein Schleifen) und inspizieren Sie die Felgenflanken (Haarrisse deuten auf mögliche Bruchstellen hin!). Falls Sie die Felge nicht selbst zentrieren können, sollten Sie die Laufräder in einen Bike-Shop bringen.

Die Kette

Alle sechs Monate die Kette austauschen, falls man regelmäßig unterwegs ist und alle drei Monate, wenn man Rennen oder Wettbewerbe bestreitet. Eine abgenutzte Kette erhöht Verschleiß an Kettenblättern und Ritzeln unnötig.

Bowdenzüge

Untersuchen Sie die Züge und Kabelhüllen auf Abnutzung (ausgefranst, korrodiert, kaputte Hüllen) und ersetzen Sie defekte Züge sofort. Bowdenzüge sind relativ günstig im Preis, können aber erhebliche Probleme verursachen, wenn sie nicht in Ordnung sind. Schmieren Sie die Kabel nie. Ersetzen Sie lieber den kompletten Bowdenzug, falls der Innenzug angerostet sein sollte.

Der Lenker

Inspizieren Sie den Lenker regelmäßig, achten Sie auf Dellen oder Risse, speziell im Klemmbereich. Lockere Lenkergriffe sollten festgeklebt oder ersetzt werden. Auch lockere Lenkerhörnchen immer einstellen und festziehen.

Das Tretlager

Beim Reinigen des Bikes immer Tretlager und Kurbeln untersuchen. Ein Tretlager, das Spiel aufweist, muss ausgetauscht werden. Moderne Innenlager sind gekapselt und können daher nicht gewartet oder geschmiert werden. Sie sind bei Abnutzung oder Defekten komplett zu ersetzen.

Kontrollieren Sie immer wieder die Klemmung des Vorbaus und des Lenkers.

Kümmern Sie sich um die Laufräder, eine der wichtigsten Komponenten.

Der Rahmen

Achten Sie auf Rost oder Sprünge im Rahmen, wenn Sie Ihr Bike säubern. Untersuchen Sie vor allem die Schweißnähte und den Bereich am Steuersatz.

Der Steuersatz

Kontrollieren Sie regelmäßig die Einstellung des Steuersatzes. Dazu die Vorderbremse ziehen und das Bike am Lenker vor und zurück ruckeln. Die Lager des Steuersatzes sollten sich dabei nicht bewegen und keine Geräusche verursachen. Ist dies der Fall, stellen Sie den Steuersatz ein oder ersetzen notfalls die Lager. Versäumt man dies, wird der Steuersatz weiter beschädigt, und man kann eventuell nicht mehr lenken.

Das Innenleben eines Steuersatzes mit den Kugellagern.

Problem	Ursache	Lösung
Die Gänge hüpfen, Schaltung funktioniert nicht.	Kabelspannung nicht in Ordnung; Kabel defekt; Schaltwerk defekt.	Kabelspannung einstellen oder Kabelzug und –hülle ersetzen. Schaltwerk austauschen.
Bremsen zeigen wenig oder zu geringe Wirkung.	Bei V-Brakes liegt es an abgenutzten Bremsklötzen oder verschmutzter Felge. Auch bei Cantilever-Bremsen der Grund, oder eine falsche Zugeinstellung. Bei Scheibenbremsen kann Luft im System sein, oder abgenutzte Bremsbeläge.	Verschmutzte Klötze ersetzen, Oberflächen (Felge oder Bremsscheibe) mit Alkohol reinigen (kein Schmiermittel auf Felge, Bremsklötze oder Bremsscheibe bringen!).
Kette springt.	Abgenutzte Kette, abgenutzte Ritzel, oder die neue Kette ist noch nicht eingefahren und rutscht über die Zähne.	Alte Kette erneuern, und/oder Ritzelkassette austauschen.
Federgabel arbeitet nicht gut.	Benötigt Inspektion oder Ölwechsel.	Gemäß Gebrauchsanleitung warten oder zum Service in den Bikeshop bringen.
Bremsen quietschen.	Klötze falsch eingestellt.	Klötze schräg zur Felge (von oben gesehen, vorne näher) einstellen.
Felge schleift an der Bremse.	Felge hat einen Achter; Bremse ist zu eng eingestellt; Schnellspanner nicht fest gezogen.	Felge zentrieren oder Bremskabelspannung verringern. Schnellspanner fest ziehen. Im Notfall für Heimfahrt Bremskabel aushängen.

Reparaturen im Notfall

Wenn man die Grundfunktionen seines Bikes kennt und das richtige Werkzeug dabei hat, kann man einige Reparaturen flott und einfach ausführen. Daher sollte man die am häufigsten auftretenden Defekte kennen – sowohl für die Wartung des Bikes als auch zur eigenen Sicherheit – und sie beheben können.

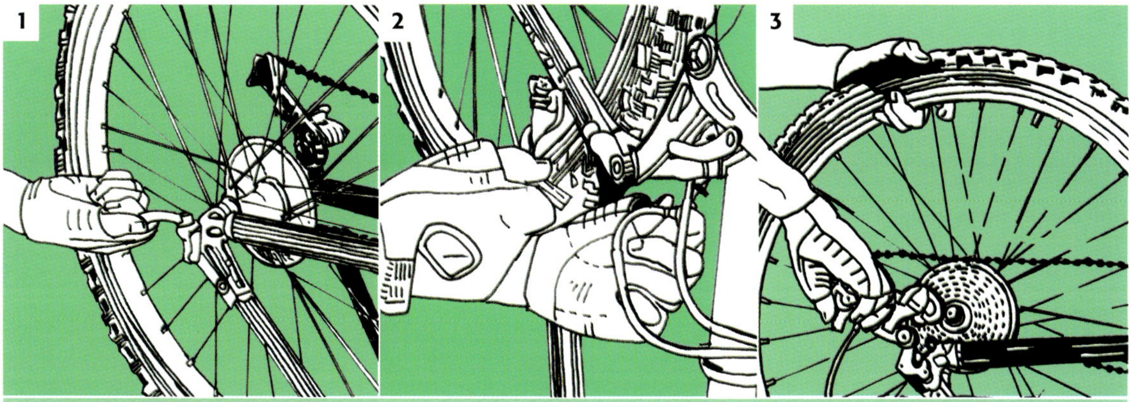

Hinterrad ausbauen

Auf den ersten Blick hängt das Hinterrad in einem verwirrenden Geflecht von Kabeln, Bremsen, Schaltwerk, Zahnkränzen und Kette, sodass viele Einsteiger vor einem Ausbau zurückschrecken. Mit diesen Tipps geht es am einfachsten: Schalten Sie vor dem Entfernen auf das kleinste Ritzel, vorne sollte die Kette in der Mitte liegen.

1 Öffnen Sie den Schnellspannhebel. Drehen Sie das Bike um und stellen es auf Sattel und Lenker.

2 Hängen Sie das Bremskabel an der hinteren Bremse aus.

3 Ziehen Sie das Schaltwerk mit einer Hand nach hinten, während Sie mit der anderen Hand das Hinterrad aus dem Rahmen ziehen. Falls Sie Scheibenbremsen besitzen, betätigen Sie nie die Bremshebel, während das Laufrad ausgebaut ist.

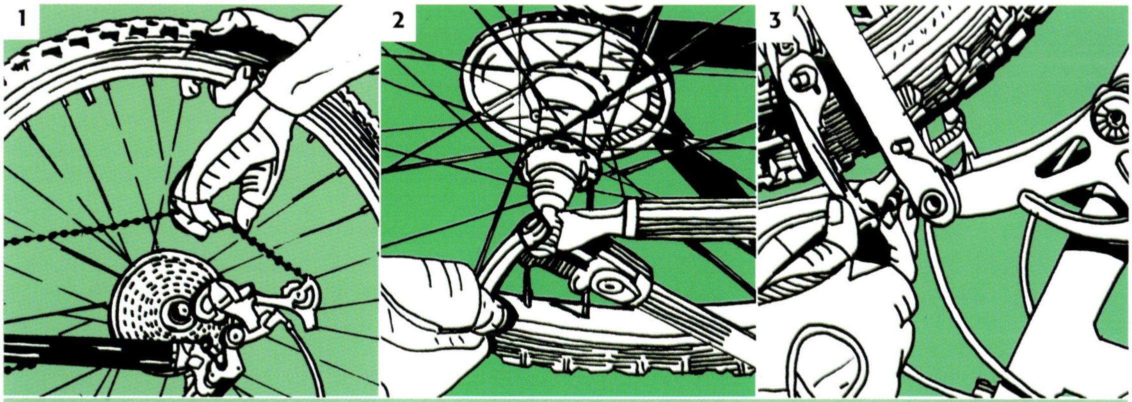

Hinterrad einbauen

1 Ziehen Sie die Kette nach oben weg vom Rahmen. Stecken Sie das Laufrad in den Rahmen, dabei sollte die Kette (vorne auf dem mittleren Blatt) auf dem kleinsten Ritzel zu liegen kommen.

2 Stecken Sie die Achse in die Ausfallenden (die Aufnahme des Laufrads im Rahmen). Schließen Sie den Schnellspanner. Beachten Sie dabei die Anweisungen des Herstellers.

3 Hängen Sie das Bremskabel an der hinteren Bremse wieder ein. Drehen Sie das Bike wieder um.

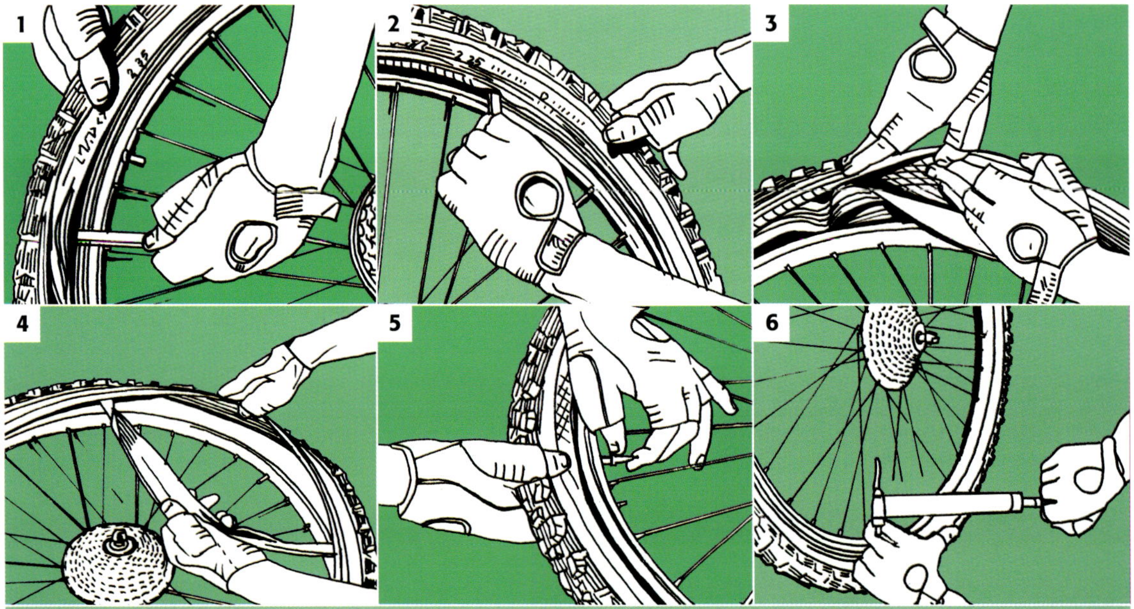

Der gefürchtete Plattfuß

Ein Plattfuß wird verursacht durch einen Aufprall, einen Fremdkörper oder einen Schnitt. Fremdkörper entfernen, falls Sie einen finden, und mit einem Stück Gummi den Schnitt vorerst abdecken. Weist der Schlauch zwei kleine Löcher nebeneinander auf, entstand der Platten durch einen sogenannten »Snakebite«: Die Felgenränder haben beim Aufprall den Schlauch gelöchert. Große Schnitte sind kaum zu reparieren, in diesem Fall muss der Schlauch ersetzt werden. Haben Sie keinen Ersatzschlauch dabei, und der kaputte ist nicht zu reparieren, stopft man den Mantel mit Gras, Blättern und Moos voll oder macht einen Knoten in den Schlauch (am Loch) und zieht ihn fest.

1 Bremsen aushängen, Schnellspanner öffnen, Laufrad herausnehmen. Benützen Sie Reifenheber, um den Mantel über die Felge zu hebeln.

2 Wenn der Mantel über den Felgenrand gerutscht ist, fahren Sie mit dem Hebel rund um die Felge, um den Mantel herauszubekommen.

3 Tasten Sie den Mantel innen ab, um den Fremdkörper zu finden und zu entfernen.

4 Nehmen Sie den kaputten Schlauch heraus. Haben Sie einen Ersatzschlauch dabei, stecken Sie dessen Ventil durch das Ventilloch der Felge und legen Sie ihn in das Felgenbett. Ansonsten suchen Sie das Loch im alten Schlauch und flicken es (in allen Flicksets sind Anleitungen). Klemmen Sie den Schlauch nicht zwischen Felge und Mantel ein. Drücken Sie den Mantel wieder über den Felgenrand, benützen Sie für die letzten Zentimeter dabei nur Ihre Hände (man kann auch mit den Fersen auf den widerspenstigen Teil des Reifens drücken und den Mantel über den Felgenrand hebeln).

5 Überprüfen Sie nochmals den Sitz des Ventils. Wenn es schief sitzt oder eingeklemmt ist, drücken Sie es in den Reifen hinein (und ziehen es wieder heraus), um sicher zu gehen, dass der Schlauch nicht eingeklemmt ist.

6 Jetzt aufpumpen.

Reifen aufpumpen

Eine Standpumpe erleichtert diese Aufgabe erheblich. Man kann durch das Manometer die Reifen genau auf den angegebenen Druck bringen. Sie sollten wissen, welchen Ventiltyp Sie am Rad haben – Autoventil, Schrader oder Presta – und darauf achten, dass die Pumpe einen passenden Aufsatz oder Adapter besitzt. Falls Sie eine Handpumpe besitzen, befolgen Sie am besten diese Tipps:

1. Ventilkappe abschrauben. Falls das Ventil eine Schraube besitzt, aufschrauben, damit die Luft durch kann.
2. Ventil nach oben stellen, Pumpe aufs Ventil setzen.
3. Halten Sie nun das Laufrad, indem Sie den Reifen mit dem Daumen der freien Hand festhalten und das Ventil und die Pumpe zwischen Mittel- und Zeigefinger nehmen.
4. Zur Unterstützung Ellbogen des Arms, mit dem Sie die Pumpe halten, auf den Oberschenkel legen. Pumpen.

Gerissene Kette

Die Kette überträgt die Kraft, mit der man das Bike antreibt. Obwohl eine gut gewartete Kette nicht reißen dürfte, kann ein schlechter Schaltvorgang die Kette beschädigen und zuviel Kraft auf die Kette ausüben (das passiert, wenn man im falschen Gang fährt).

1. Man braucht einen Kettennietdrücker.

Anmerkung: Shimano-Ketten benötigen einen speziellen Kettenpin, um den Niet zu ersetzen. In diesem Fall muss man den Niet komplett herausdrücken.

2. Drücken Sie den Niet soweit heraus, dass das beschädigte Glied entfernt werden kann und die äußeren Laschen zu den inneren Laschen des anderen Endes passen.
3. Vorsicht: Pressen Sie den Niet nicht komplett heraus. Ein Ende muss immer im Loch der Lasche steckenbleiben.
4. Um die Kette wieder zu schließen, drücken Sie den herausstehenden Niet wieder hinein. Ein steifes Kettenglied macht man beweglich, in dem man die Kette an dieser Stelle zwischen Daumen und Zeigefinger nimmt und seitlich mehrere Male hin und her bewegt.
5. Jetzt ist die Kette kürzer, sodass man eventuell nicht mehr alle Gänge schalten kann.

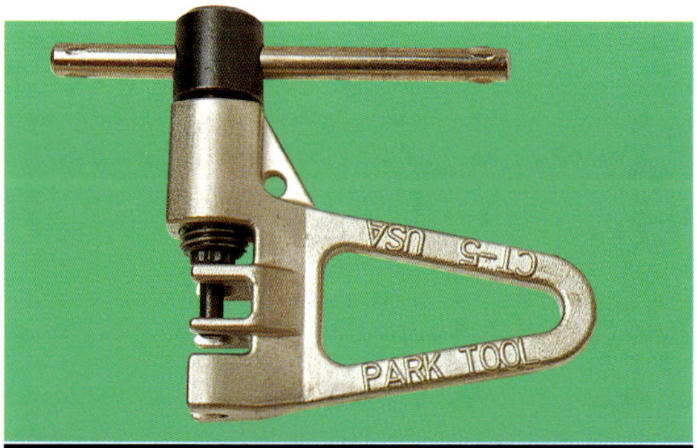

Ein einfacher, aber funktionierender Kettennietdrücker.

Verzogenes Laufrad

Ein verbogenes Laufrad kann wieder zentriert werden, in dem man die Speichen anzieht. Ist es aus der Form gesprungen (Kartoffelchip), muss es ein Profi reparieren.

1. Hängen Sie die entsprechende Bremse aus und testen, ob das verzogene Rad noch durch den Rahmen passt. Falls ja, können Sie so nach Hause fahren. Falls nicht, müssen Sie die Felge mit brutaler Kraft wieder in Form biegen.
2. Legen Sie das Laufrad auf den Boden und stellen Sie sich mit den Füßen auf die Felge, um sie zurück zu biegen. Auch wenn die Felge nicht die ursprüngliche Form annimmt, sollte es genügen, um vorsichtig nach Hause zu kommen.

Gefährliche Kunststücke wie Sprünge können ein Bike leicht beschädigen.

Speichenbruch

Haben Sie keine Ersatzspeichen dabei, schrauben Sie die gebrochene Speiche heraus und fahren vorsichtig heim.

1. Mit einem Speichenschlüssel ziehen Sie die Speichen neben der kaputten an, um das Laufrad zu zentrieren.
2. Falls die Speiche nahe der Nabe gebrochen ist, schraubt man den Nippel der Speiche auf, ist der Bruch nahe an der Felge, zieht man die Speiche durchs Speichenloch hinaus.
3. Falls die Speiche an der hinteren Nabe gebrochen ist, kann man sie nicht so leicht entfernen. Am besten um die benachbarte Speiche wickeln, damit sie nichts zerstört.

Gerissener Schaltzug

Reißt der Schaltzug, drückt die Feder das Schaltwerk in die innerste (Umwerfer) bzw. äußerste Position (Schaltkäfig). Mit den Anschlagschrauben kann man einen bestimmten Gang fest einlegen, um heim zu kommen.

1. Reißt der vordere Schaltzug, die innere Anschlagschraube hineindrehen, bis der Umwerfer mittig steht.
2. Ist der hintere Schaltzug gerissen, dreht man die untere Anschlagschraube des Schaltwerks so weit hinein, dass die Kette auf einem der mittleren Ritzel liegt.
3. Um sich nicht zu verletzen, sollten Sie den Zug entfernen.

Sicherheit auf dem Bike

Mountainbike-Touren sind immer auch eine Selbsterfahrung. Oft gibt es keine Wegweiser oder Angaben, wie weit es noch ist … je nachdem, wo man unterwegs ist, gibt es auch keine Angaben, in welche Richtung man überhaupt muss.

Rennrad fahren oder Mountainbiken?

Viele Mountainbikes sehen nie unbefestigte Straßen. Es liegt an Ihnen, ob Sie die Slicks, die Sie anstelle der Stollenreifen aufziehen ließen, doch wieder austauschen.

Moral auf dem Trail

Wie jedes Wissen und Anregungen sollten Sie auch die in diesem Buch gegebenen Tipps verantwortungsvoll umsetzen. Beim Biken geht es gar nicht nur um Risiko oder Höchstgeschwindigkeit, viele Mountainbiker sind Eltern und gemeinsam mit ihren Kindern unterwegs, oder es handelt sich um Freunde, die gemeinsam die Landschaft genießen, Outdoor-Liebhaber oder Hobbyfahrer, die an einer Veranstaltung teilnehmen.

Um Ihre Fertigkeiten zu verbessern, sollten Sie ruhig an organisierten Veranstaltungen teilnehmen, denn auf dem Trail befinden Sie sich auf ungesichertem Terrain, und Sie sollten lernen, auch auf andere Rücksicht zu nehmen. Pferde sind schwerfällig und langsam, Wanderer haben ein eigenes gemächliches Tempo. So ist es kein Wunder, wenn ein so flottes bewegliches Gefährt wie ein Mountainbike Reaktionen bei den anderen hervorrufen muss. Dazu kommt noch, dass in Erholungsgebieten nahe Ballungsräumen der Platz einfach eng wird, sodass es zu Beschädigungen der Natur und zu Konflikten kommen kann. Auf den Seiten 78 und 79 stehen die Verhaltensregeln der International Mountain Biking Association (IMBA).

	Vorteile	**Nachteile**
Rennrad	Einfacher, geteerter Untergrund; geringer oder kaum Rollwiderstand; Straßenschilder zur Orientierung, »Begleitung«; man kann seinen Rhythmus fahren und sich auf Technik und Stil konzentrieren.	Schlecht einschätzbare, intolerante Autofahrer; lebensgefährlicher und lauter Straßenverkehr; kaum Unterhaltung mit Mitfahrern möglich; Abgase, Abfall, Straßenschmutz.
Mountainbike	Vielfalt von Untergrund und Wegen; Ruhe und Entspannung; man kann entspannt fahren und plaudern; anregende Landschaftserlebnisse.	Unvorhersehbare Bedingungen; oft in verlassenen Gegenden; Untergrund anstrengender; Konflikte mit Wanderern; Touren oft weit entfernt.

Oben: Zur Sicherheit sollten Sie besser in Gruppen als allein biken.
Rechts: Beurteilen Sie sorgfältig die Bedingungen, vor allem, wenn Sie alleine sind.

1. Auf erlaubten Wegen bleiben

Fahren Sie nicht in gesperrten Gebieten. Falls Sie für Downhills trainieren, besorgen Sie sich eine Genehmigung und achten Sie darauf, dass sich keine anderen Personen auf der Strecke befinden.

Andere Erholungsuchende

Auf Wegen durchs Grüne erleben Mountainbiker vieles und begegnen immer wieder neuen Herausforderungen durch die Art des Geländes, aber man stößt auch auf andere Wegebenutzer. Wie bereits auf den vorherigen Seiten bemerkt, begegnen Mountainbiker oft Wanderern oder Reitern. Normalerweise suchen alle drei dieser Freizeitsportler das Gleiche: Erholung und Ruhe in der Natur.

Bedenkt man dies, wird einem klar, warum man nicht wegen des eigenen Vergnügens mit hohem Tempo auf seinem Bike durch die Gegend bolzen kann. Wenn sich jeder verantwortungsvoll benimmt und einige Grundregeln beachtet, werden keine Konfliktsituationen entstehen.

Zeichensprache

Beachtet und versteht man die speziellen Markierungen, die auf Wegen in der Natur benützt werden, folgt man Wegweisern entsprechend und bleibt auf Wegen, die erlaubt sind, werden sich alle das Wegenetz ohne Ärger teilen können. Wenigstens zwei Hinweisschilder sollten Mountainbiker immer beachten:

Vorfahrt gewähren

Auch auf Feld- und Schotterwegen begegnet man immer wieder Verkehrs- und Hinweisschildern. Eines davon ist ein rotumrandetes Dreieck mit jeweils einem Wanderer, einem Pferd und einem Radfahrer in einer Ecke. Dies bedeutet, dass einer jeweils den anderen immer Vorrang einzuräumen hat. Derjenige, der in der oberen Spitze des Zeichens abgebildet ist (meist der Wanderer) hat immer Vorrang vor den beiden anderen. Neben den beiden anderen Symbolen ist meist ein Pfeil angebracht, der regelt, wem sie Vorfahrt einzuräumen haben. Oft sieht man dieses Zeichen auch auf Tafeln oder anderen Hinweisschildern, auf denen die Wege-Etikette erläutert ist.

Wegemarkierungen

Mountainbiker, die an Veranstaltungen teilnehmen oder auf ausgewiesenen Wegen unterwegs sind, können sich an Markierungen orientieren. Oft warnen auch Schilder vor gefährlichen Stellen auf der Strecke.

2. Bleiben Sie immer kontrolliert

Fahren Sie auf bevölkerten Wegen nicht zu schnell. Fahren Sie langsam, kontrollieren Sie Ihre Geschwindigkeit, auch bergab, seien Sie immer bremsbereit. Fahren Sie nicht mit hoher Geschwindigkeit um unübersichtliche Kurven, außer im Wettbewerb auf kontrollierter Strecke.

Mountainbiker teilen Wege oft mit anderen Erholungssuchenden. Nehmen Sie Rücksicht darauf.

3. Nehmen Sie Rücksicht

Ein Fahrrad bewegt sich sehr leise, andere Menschen können leicht erschrecken, vor allem, wenn man sich von hinten nähert. Bremsen Sie ab bis zur Geschwindigkeit des Wanderers oder Reiters, und kündigen Sie an, dass Sie vorbei wollen. Wenn der Weg genügend Platz zum Überholen aufweist, fahren Sie langsam vorbei und bedanken sich am besten. Pferde und Hunde reagieren oft unvorhersehbar, halten Sie im Zweifelsfalle lieber an.

4. Erschrecken Sie keine Tiere

Respektieren Sie das Wild, seien Sie auch vorsichtig in Gegenden mit gefährlichen Tieren (siehe auch Punkt 3).

5. Hinterlassen Sie keine Spuren

Nehmen Sie Ihre Abfälle mit und entsorgen Sie diese. Sorgen Sie vor: Nehmen Sie eine Tüte mit, um Abfall zu sammeln, den Sie finden. Falls Sie einem menschlichen Bedürfnis nachgeben müssen und es sind keine Toiletten in der Nähe, graben Sie ein Loch und legen einen Stein darüber. Ein weggeworfenes Müsliriegelpapier kann Sie bei einem Rennen disqualifizieren. Fahren Sie nach heftigem Regen nicht auf empfindlichen Wegen, der Druck der Reifen führt zu Rinnen und damit zu weiterer Erosion. Zu viel Matsch schadet auch dem Bike!

6. Planen Sie voraus

Schauen Sie beim Biken voraus, nicht nur aufs eigene Vorderrad. So sind Sie besser auf Ereignisse auf dem Weg vorbereitet. Im weiteren Sinne können Sie sich auch um die Erhaltung von Wegen kümmern und mit anderen Bikern oder dem Besitzer den Weg pflegen. Denken Sie weiter!

Die International Mountain Bicycling Associaton (IMBA)

Die IMBA (Internationaler Mountain Biking Verband) wurde 1988 als Vereinigung kalifornischer Bikeclubs initiiert, um Wegesperrungen zu verhindern und umweltbewusstes Biken zu fördern und die Belange der Mountainbiker zu vertreten. Heute ist die IMBA ein facettenreicher internationaler Verband, der umweltbewusstes Biken fördert und die Beziehungen zwischen Natursportverbänden pflegt. (siehe Seite 93).

Schonen Sie die Natur, indem Sie die Etikette beachten.

Internationales Alpines Notsignal

Das internationale Notsignal soll Helfern den eigenen Standort signalisieren

Pfeife	sechs Pfiffe
Taschenlampe	sechs Blinksignale

Jede dieser Serien ist durch eine einminütige Pause unterbrochen. Als Antwort sollten drei Signale (Ton oder Licht) mit einminütiger Wiederholung erfolgen.

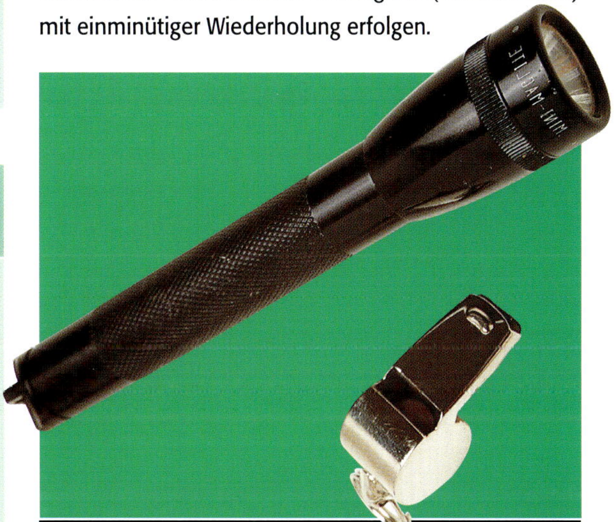

Zur Sicherheit sollte man eine Taschenlampe und eine Signalpfeife auf die Tour mitnehmen.

Überlebenspaket

Langstrecke (80 Kilometer)

- Detaillierte Karte
- Mobil- oder Satellitentelefon
- GPS oder Kompass
- Spiegel (oder Leuchtsignalgeber) um zu signalisieren
- Fahrradlicht
- Streichhölzer
- Beschichtete Rettungsdecke oder zwei Mülltüten (als Schutz oder Notfallbekleidung)
- wasserdichte Regenjacke
- Taschenmesser (oder Multiwerkzeug)
- Signalpfeife
- Notration und Trinkwasser
- Luftpumpe
- Ersatzschlauch
- Reifenflickset
- Reifenheber
- Inbusschlüssel
- Kettennietdrücker
- Energieriegel
- Geld
- Ausweis mit medizinischen Angaben (Blutgruppe etc.)
- Erste-Hilfe-Set

Kurzstrecke (25 Kilometer)

- Mobil- oder Satellitentelefon
- Luftpumpe
- Ersatzschlauch
- Reifenflickset
- Reifenheber
- Inbusschlüssel
- Kettennietdrücker
- Energieriegel
- Geld
- Ausweis mit medizinischen Angaben (Blutgruppe etc.)

Mutter Natur bietet jede Menge Abenteuer, kann aber auch unberechenbar sein. Am besten fährt man mit guter Vorbereitung und Verstand.

Das Überlebenspaket sollte nicht nur grundsätzliche Dinge wie Essen und Wasser enthalten, sondern auch Ausstattung für mögliche Notfälle.

Notfalltipps	Vorsorge
Tiere »Des Menschen bester Freund« ist oft eine Bedrohung. Die meisten wilden Tiere vermeiden den Kontakt mit Menschen.	■ Vorsichtig nähern. Wenn Sie ein Hund angreifen will, steigen Sie vom Bike und stellen es zwischen sich und den Hund. Abwehrspray kann helfen. Falls Sie in Reservaten oder Wildparks unterwegs sind, in der Gruppe biken, oder es sollte ein bewaffneter Ranger dabei sein.
Kriminelle Kriminelle suchen sich leichte Opfer. Manche lauern neben beliebten Wegen.	■ Seien Sie wachsam, vertrauen Sie Ihrer Intuition und gehen Sie verdächtigaussehenden Typen oder Gruppen aus dem Weg. Fahren Sie auf beliebten Ausflugswegen nicht allein. Fahren Sie nicht jeden Tag um die gleiche Zeit auf dem gleichen Weg. Melden Sie Vorfälle der Polizei.
Dunkelheit In der Dunkelheit zu biken ist ohne gutes Licht und Reflektoren gefährlich. Bei schlechter Sicht kann man sich leicht verfahren.	■ Schätzen Sie die Länge der Tour ein, bevor Sie losfahren. Durch die kürzeren Tage im Winter macht es Sinn, am Bike vorne und hinten eine feste Beleuchtung zu montieren. Tragen Sie reflektierende Kleidung. Fahren Sie bei Dämmerung und Dunkelheit sehr vorsichtig. Fahren Sie möglichst nicht allein – vor allem in gefährlichen Gegenden.
Kopfverletzungen Fahren Sie nie ohne Helm. Man kann auch »mal eben auf dem Weg zum Bäcker« stürzen.	■ Lernen Sie bewusst zu fallen, sodass Sie sich bei einem Sturz abrollen können, statt sich am Kopf zu verletzen. Ein Fahrradhelm schützt nicht vor allen Verletzungen, kann aber schlimmere Schäden verhüten. Sehen Sie Ihren Helm als Sicherheitsgurt.
Insekten Manchmal bemerken Sie nicht, dass Sie sich durch einen Moskitostich infiziert haben oder von einer Spinne oder Zecke gebissen wurden.	■ Je nachdem, in welcher Region Sie biken, kann es Sinn machen, eine antibiotische Salbe aufzutragen. Benützen Sie Antimückenspray. Falls Sie einen Einstich oder eine Bissstelle am Körper bemerken und sich nicht wohlfühlen, suchen Sie einen Arzt auf.
Verirren Planen Sie Ihre Tour durch. Bei schlechtem Wetter und in unbekanntem Gebiet verirrt man sich leicht, aber auch in vertrauten Gebieten kann man sich verfahren.	■ Überprüfen Sie Ihre Ausrüstung und vergewissern Sie sich, dass Sie sich auch ohne fremde Hilfe aus prekären Situationen befreien können. Bewegen Sie sich immer nur in eine Richtung, sonst besteht die Gefahr, dass Sie im Kreis laufen oder fahren. Bleiben Sie aufmerksam. Sagen Sie vorher Ihrer Familie oder Freunden, wohin Sie fahren, und wann Sie zurück sein wollen.
Defekte Ein schlecht gewartetes Mountainbike wird garantiert einen Defekt haben.	■ Warten und pflegen Sie Ihr Bike gut. Ziehen Sie nicht ohne Werkzeug und Ersatzteile los. Sie sollten kleinere Reparaturen selbst durchführen können.
Straßenverkehr Im Straßenverkehr sind Kraftfahrzeuge die größte Gefahr für Fahrradfahrer	■ Vermeiden Sie befahrene Straßen! Benützen Sie Radwege, seien Sie immer aufmerksam. Fahren Sie defensiv, nie aggressiv. Lassen Sie sich nicht auf Auseinandersetzungen ein, melden Sie rücksichtslose Fahrer der Polizei. Halten Sie Abstand zu parkenden Autos, um nicht mit plötzlich geöffneten Türen zu kollidieren.
Radikaler Fahrstil Fühlen Sie sich nicht genötigt, Hindernisse zu überfahren, die Ihr Bike beschädigen oder zu Verletzungen führen könnten.	■ Bevor Sie an einem Rennen teilnehmen, sollten Sie den Kurs abfahren. Üben Sie an Hindernissen, wenn Sie dabei Probleme haben. Tragen Sie Schutzkleidung. Bitten Sie einen erfahrenen Biker zu zeigen, wie es geht.
Entlegene Trails Entlegene Trails bedeuten oft lange und harte Touren.	■ Sagen Sie vorher jemandem, wohin Sie fahren, und wann Sie zurückkommen. Machen Sie sich mit der Gegend vertraut, und nehmen Sie genügend Verpflegung mit.
Vegetation Dornen, giftige Pflanzen, umgestürzte Baumstämme und hervorstehende Äste sind Gefahrenquellen	■ Halten Sie die Wege, die Sie benützen, mit in Ordnung. Präparieren Sie Ihre Reifen, wenn Sie viele Dornen auf Ihren Wegen haben. Nehmen Sie einen Ersatzschlauch, ein Flickset und eine Luftpumpe mit. Achten Sie gut auf den Weg und folgen Sie nicht blindlings dem Vorausfahrenden.
Wetter Das Wetter kann sich sehr schnell unerwartet ändern, sodass man sich verirrt, auskühlt, oder einen Sonnenstich erleidet. Vorsicht bei Gewittern.	■ Fahren Sie nicht los, wenn das Wetter schlecht aussieht oder sich schnell ändern könnte. Sprechen Sie mit Fachleuten, die die Gegend und die Bedingungen gut kennen und bereiten sich entsprechend vor: Bei Kälte sollten Sie mehrere Schichten wärmender Kleidung tragen, bei großer Hitze alle 20 Minuten trinken (elektrolythaltige Getränke). Bei starker Hitze sollten Sie früh morgens biken.

Verletzungen und Schmerzen

Beim Radfahren kann man sich Verletzungen zuziehen, die von außen verursacht sind (wenn man stürzt, gegen einen Baum oder einen anderen Biker prallt) oder gesundheitliche Probleme erleiden, die durch starke Beanspruchung entstehen (bei Überbelastung der Gelenke, der Bänder und der Muskulatur). Beides kann überall und jeder Zeit auftreten – ob man gerade für einen Downhill trainiert oder nur gemütlich unterwegs ist.

Radfahrer mit guter Fahrtechnik, die ihr Rad gut eingestellt haben, sollten im Vergleich zu anderen Sportarten geringe Probleme durch reine Beanspruchung erleiden.

Mit Wissen und Verstand kann man unnötige Verletzungen vermeiden.

	Problem	Lösung
	**Hautreizungen** Diese sind sehr unangenehm, vor allem in Bereichen wie der Leistengegend, der Innenseite der Oberschenkel, Brustwarzen, Füße oder im Nacken.	■ Achten Sie auf die Körperhygiene. Wichtig sind saubere Bekleidung. Verwenden Sie antibakterielle Reinigungsmittel für Ihren Körper und die Bekleidung. ■ Vor dem Start sollten Sie gefährdete Bereiche behandeln, mit Gel, Wundsalbe oder Teebaumöl. ■ Tragen Sie bei Hitze dünne, weiter geschnittene Bekleidung.
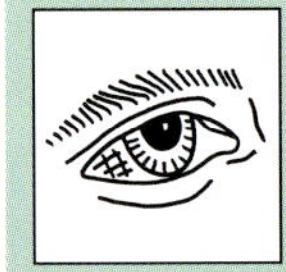	**Augen** Verschiedene Faktoren beeinträchtigen die Augen: Sonneneinstrahlung, Insekten, Vegetation, Staub, Steinchen und Schmutz.	■ Kaufen Sie zwei verschiedene Sonnenbrillen: eine für Sonne und eine für schlechte Sichtverhältnisse. Wenn Sie keine Brille tragen können, weil zuviel Dreck auf die Gläser fliegt, drehen Sie den Kopf ein wenig zur Seite, sodass ein Auge durch die Nase geschützt wird. ■ Benützen Sie ein Kopf- oder Nackenband für die Brille, sodass Sie sie während der Fahrt schnell ab- und wieder aufsetzen können, wenn die Brille beschlägt oder verdreckt wird.
	**Frakturen** Frakturen heißen alle Knochenbrüche, die Symptome sind Schwellung, Schmerzen, Immobilität. Bei offenen Brüchen durchdringt der Knochen die Haut. Häufigste Fraktur bei Radfahrern ist der Schlüsselbeinbruch.	■ Kümmern Sie sich um den Verletzten bis professionelle Hilfe kommt. Brüche sollten nur von Ärzten behandelt werden. ■ Beobachten Sie den Verletzten, ob er unter Schock steht und bedecken Sie offene Brüche mit einem sauberen Tuch. Bandagieren Sie die Stelle, damit der Druck die Blutung reduziert. ■ Stellen Sie die betroffenen Körperteile mit einer Schlinge oder einer Schiene ruhig.

Problem	Lösung
 **Kopfschmerzen** Ursachen für Kopfschmerzen können Dehydradation (Austrockung) oder ein zu enger Helm oder enges Stirnband sein. Bei heißen, feuchten Bedingungen kann der Mensch bis zu zwei Liter Flüssigkeit pro Stunde verlieren, der Körper kann jedoch nur 800 Milliliter ersetzen. 20 Minuten benötigt der Körper, bis Wasser die Körperzellen erreicht. Falls man Mischgetränke verwendet, dauert es noch länger, bis die Flüssigkeit ins Blut gelangt.	■ Trinken Sie vor und nach einer Fahrt einen Liter Wasser oder energieliefernde Getränke. ■ Beim Fahren – vor allem, wenn Sie schwitzen – sollten Sie ein elektrolythaltiges Getränk verwenden (um Krämpfe zu vermeiden). Befragen Sie einen Spezialisten, der eine Mischung aus Glukose, Rehydrationslösung und Wasser empfehlen wird. ■ Nach Touren, die länger als zwei Stunden dauern, sollten Sie viel Flüssigkeit trinken und eine Flasche mit einem Energiedrink neben das Bett stellen. ■ Achten Sie auf einen guten, aber nicht zu engen Sitz des Helms!
 **Kopfverletzungen** Benommenheit oder Bewußtlosigkeit, auch für nur kurze Zeit, sind Anzeichen für eine mögliche Gehirnerschütterung.	■ Verhindern Sie, dass der Betroffene sitzt oder umherläuft. ■ Der Biker sollte ruhig liegen. Decken Sie den Verletzten zu. So bleibt der Körper warm, ein Schockzustand wird so eher vermieden. ■ Verabreichen Sie dem Verletzten weder Beruhigungs-, Schmerz- noch Aufputschmittel. ■ Falls der Verletzte verlagert werden muss, sollte der Körper möglichst wenig bewegt werden und nur in einer liegenden Position.
 **Knieverletzungen** Radfahren ist eine ideale gesunde Sportart für die Kniegelenke, da es ohne die Belastung durch das Körpergewicht (und stoßfrei) ausgeübt und immer im normalen Bewegungsbereich des Gelenks ausgeführt wird. Untersuchungen haben ergeben, dass 80 Prozent aller Knieverletzungen auf Fehler des Fahrers zurück zu führen sind. Ein Rrad ist komplett symmetrisch ausgelegt, der menschliche Körper nicht. Jede Fehlstellung oder -form (von unterschiedlichen Beinlängen bis zu Plattfüßen) hat Konsequenzen. Auf einer zweistündigen Tour beugt man das Knie 10.000 Mal.	■ Stellen Sie die Sattelhöhe richtig ein. ■ Drücken Sie nicht mit aller Kraft schwere Gänge durch. ■ Wärmen Sie sich gut auf. ■ Halten Sie Ihre Knie warm. Bei Kälte konzentriert der Körper das warme Blut im Zentrum – nicht an den Gelenken der Gliedmaßen. ■ Tragen Sie lange Hosen, Beinlinge oder Dreiviertel-Hosen, wenn Sie bei kaltem Wetter biken.
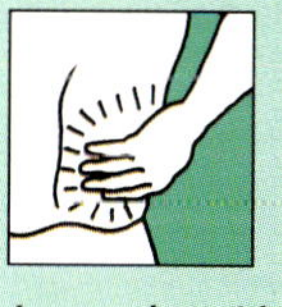 **Rückenschmerzen** Wenn Sie längere Zeit nicht auf dem Rad saßen oder Mountainbiken nicht gewohnt sind, werden Sie Schmerzen im Lendenwirbelbereich bekommen, die bis in die Beine ausstrahlen können.	■ Die Rückenmuskulatur wird kräftiger, je mehr man bikt. ■ Der untere Rückenbereich wird sowohl von der Bauchmuskulatur wie von der Rückenmuskulatur gestützt. Daher müssen diese beiden Bereiche im Training gestärkt werden. ■ Ein gutes Fullsuspensionbike kann dazu beitragen, Rückenschmerzen zu lindern.

Problem	Lösung
 **Nackenschmerzen** Die Nackenmuskulatur kann sehr sauer werden und schmerzen, wenn man lange Zeit den Kopf nach vorne-oben hält – wie es beim Rad fahren der Fall ist.	■ Überprüfen Sie Ihre Sitzposition. Ein steifer Oberkörper führt zu hochgezogenen Schultern, das bereitet dem Nacken noch mehr Probleme. Halten Sie die Lenkergriffe nicht zu fest, lassen Sie Ihre Ellbogen und Schultern unten. Locker bleiben! Halten Sie Ihren Oberkörper unter Spannung, aber nicht steif. ■ Gönnen Sie sich eine Nackenmassage oder gewöhnen Sie sich regelmäßiges Stretching an. Ein Krankengymnast oder Physiotherapeut kann Übungen empfehlen. ■ Sollten die Schmerzen anhalten, muss der Nacken eventuell von einem Spezialisten eingerenkt werden.
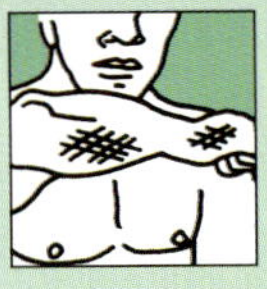 **Schürfwunden** Viele Schwürfwunden bleiben oberflächlich, und das Blut fließt nur in die obersten Hautschichten. Dreck, Sand oder andere Stoffe können an der Wunde eindringen und sie verunreinigen.	■ Die verwundete Stelle hochhalten, das vermindert den Blutfluss. ■ Schürfwunden müssen gesäubert werden, eventuell sogar mit einer Bürste. Mit einem leichten Verband kann man die Wunde besser sauber halten. ■ Lassen Sie die Tetanus-Schutzimpfung regelmäßig auffrischen.
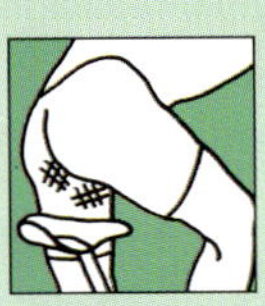 **Sitzbeschwerden** Sitzbeschwerden kommen oft durch schmerzhafte Furunkel, die entweder durch eingewachsene Haare oder leichte Hautverletzungen verursacht werden. Dies kommt von der Reibung und dem Druck zwischen Haut, Hose und Sattel. Oft entzünden sich diese Stellen durch den Körperschweiß und zwingen einen zu ein oder zwei Tagen Ruhepause. Andere Sitzbeschwerden sind auf Seite 16 und 19 erklärt.	■ Kaufen Sie gute Radhosen. Benützen Sie verschwitzte Radhosen nicht mehrmals. Duschen Sie und ziehen Sie frische trockene Kleidung nach einer Tour an. ■ Achten Sie darauf, dass Ihre Radhose das richtige Sitzleder (es gibt Unterschiede für Männer und Frauen) besitzt. Siehe Seite 18. ■ Entzündete Furunkel sollten geöffnet und der Bereich desinfiziert werden. Eventuell entfernt man die Haare in diesem Bereich mit Wachs, da diese die Entzündung fördern können.
 **Sonnenbrand** Sonnenbrand nennt man alle Hauterscheinungen wie Rötung und Hautschäden, die durch zu langes Einwirken von ultravioletter Strahlung auf die Haut entstehen. Die Haut rötet sich, schuppt sich und schält sich dann ab. Dies kann schmerzen, jucken und manchmal zu Blasen führen.	■ Tragen Sie Sunblocker auf Gesicht und Nase auf, auf die Arme, die Handrücken, Nacken und Ohren, sowie auf die Vorder- und Rückseite der Beine und auf die Schultern. Narben sollten mit Kleidung bedeckt sein oder mit totalem Sunblocker, da Narbengewebe sehr empfindlich ist. ■ Galmei-Lotion oder Eis kann Sonnenbrand lindern. Benützen Sie eine gute Feuchtigkeitscreme, um betroffene Hautbereiche zu beruhigen und zu fetten.

Problem	Lösung
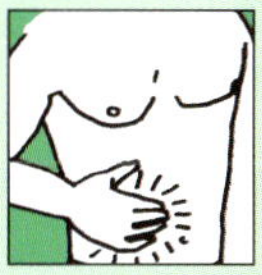 **Seitenstechen** Dieser plötzliche heftige Schmerz in der Seite kommt durch eine Verletzung des Zwerchfells, das unter die Rippen gezogen wird.	▪ Sitzen Sie nicht zu gebeugt auf dem Rad. Strecken Sie Ihren Rücken, öffnen Sie Ihren Brustbereich, und geben Sie Ihrem Zwerchfell Raum. ▪ Wärmen Sie sich langsam auf. Teilen Sie Ihr Tempo richtig ein, und belasten Sie sich nicht übermäßig.
 **Sonnenstich** Ein Versagen der Temperaturregelung erzeugt eine bedrohlich hohe Körpertemperatur. Ein Sonnenstich kommt vor, wenn der Körper eine Überhitzung nicht durch Schwitzen vermeiden kann. Symptome: heiße Haut, Kopfschmerzen, Benommenheit, Übelkeit, Durst, Schläfrigkeit, Körpertemperatur über 40°. Hitzschlag entsteht durch übermäßiges Schwitzen und Salzverlust.	▪ Den Betroffenen aus der Hitze bringen, entkleiden und in eine Decke einwickeln, die mit Wasser getränkt ist. Oder in ein kaltes Bad legen, um die Körperkerntemperatur auf unter 38 Grad Celsius zu senken. ▪ Weitere Sympome: Muskelkrämpfe, Kopfschmerzen, Erbrechen, Benommenheit und bleiche, kalte und klamme Haut. Der Puls rast, Ohnmacht fallen. Das Opfer ins Kühle bringen, Temperatur und Puls überprüfen und äußere Bekleidung entfernen. Ist der Biker bei Bewusstsein, alle zehn Minuten Salzlösung einflößen, um den Flüssigkeits- und Salzverlust auszugleichen.
 **Verstauchungen** Bänderverletzungen kommen vor, wenn ein Gelenk plötzlich über seinen Bewegungsbereich hinaus gestreckt wird. Die Fasern der Bänder reißen, verursachen Schmerzen und ein Schwächegefühl im Gelenk. Eventuell reißt das Band ab, sodass das Gelenk instabil und verletzlich wird.	▪ REDE – Ruhe, Eis, Druck, Erhöhung – diese Faustregel verhindert Schwellungen, innere Blutungen und Entzündungen ▪ Entzündungshemmende Salben, eine krankengymnastische Behandlung und Ultraschall helfen. Vorsichtige Bewegung des betroffenen Körperteils kann den Heilungsprozess unterstützen und Muskelschwund und Steifheit verhindern.
 **Handgelenke und Hände** Schmerzende Handelenke und Hände werden durch die Stöße verursacht, die über Reifen und Gabel zum Lenker gelangen. Oft kommen die Schmerzen auch durch zu steife Armhaltung, zu festen Griff am Lenker oder weil man die Handposition nicht variiert. Auch falsch montierte Bremshebel (man muss die Handgelenke verdrehen, um zu bremsen) können Ursache für Schmerzen sein.	▪ Installieren Sie einen gefederten Vorbau oder eine Federgabel. ▪ Überprüfen Sie Ihre Sitzposition und die Einstellung des Bikes; montieren Sie Lenkerhörnchen, sodass Sie die Griffposition variieren können; stellen Sie die Bremshebel richtig ein (die Handgelenke bilden mit den Unterarmen eine gerade Linie, wenn die Finger in der bremsbereiten Haltung auf den Bremshebeln liegen). ▪ Kaufen Sie komfortable Bikehandschuhe. ▪ Nehmen Sie ab und zu die Hände vom Lenker und schütteln Sie sie, um die Durchblutung zu fördern. Legen Sie die Handfläche auf den Lenker, greifen Sie nicht nur mit dem empfindlichen Bereich zwischen Daumen und Zeigefinger.

Exotische Touren dieser Welt

Ob grüne Wälder oder trockene, staubige Ebenen, diese Touren wecken Reiselust und locken Sie weg von eingefahrenen Routen.

Auf der Suche nach dem Abenteuer

Neue Touren zu suchen ist oft Teil des Abenteuers.

Forscherdrang

Benutzen Sie Ihr Rad für alle möglichen Fahrten und erkunden Sie dabei alle Wege in Ihrer Umgebung. Machen Sie sich mit der Gegend vertraut und mit mehr Kondition können Sie alle Routen zu einer großen Tour verbinden.

Persönliche Kontakte

Nehmen Sie Kontakt auf mit Mountainbikern, die sich in der Gegend auskennen. Clubs oder Bikeläden sind gute Kontaktpunkte, dort treffen sich die wahren Biker.

Teilnahme an Veranstaltungen

Nehmen Sie an einer Mountainbike-Veranstaltung teil. Es gibt Startmöglichkeiten für alle Konditionsstufen, also lassen Sie sich nicht von dem Wort »Rennen« abschrecken.

Organisierte Touren

Buchen Sie eine organisierte Mountainbike-Tour. Ein guter Veranstalter übernimmt den lästigen Kleinkram für Sie.

Fachmagazine

Mountainbike-Magazine – und das Internet – bieten gute Informationen zu Veranstaltungen.

Weitere Informationen

Naturschutz-Behörden, Tourismuszentren und Reisebüros können zum Teil ebenfalls über Mountainbike-Touren in den jeweiligen Gebieten informieren.

Oben: Erfahren Sie das wahre Afrika mit den Big Five auf einem Game Ride durchs Mashatu Reservat in Botswana.
Rechts: Malerische Weingüter vor rauen Bergen – die Perspektive vom Lenker aus bietet immer neue Blicke und Ansichten.

»Ich glaube, ich werde meinem Rad immer treu bleiben«, sagte Christopher. »Das Fahrrad ist das beste Gefährt seit Menschengedenken. Alle anderen Fahrzeuge entwickeln sich immer mehr zum Alptraum. Nur das Fahrrad bleibt unbescholten.«

Iris Murdoch,
The Red and the Green

Manchmal ist schon die An- und Abfahrt einer Tour ein Abenteuer. Obwohl das Rad dem Transport dient, können wir mit moderner Technik rieisge Entfernungen überbrücken – sodass man mit dem Bike nun alle Ecken dieses Planeten erreicht.

Um sicher zu gehen, dass Ihr Bike und die Komponenten beim Transport nicht beschädigt werden, sollten Sie in entsprechend zuverlässige Transporthalter für Ihr Auto investieren.

Flugreisen

Zeiten, Bedingungen und Gebühren hängen von der jeweiligen Fluglinie ab. Einige große Radorganisationen mit enstprechendem Einfluss haben spezielle Vereinbarungen mit Fluglinien, sodass deren Mitglieder ihre Räder umsonst mitnehmen können. Falls Sie nicht Mitglied eines solchen Verbandes sind, hier einige »Flugstunden«:

- Alle Vereinbarungen mit Fluglinien sollten schriftlich erfolgen – ebenso wie Quittungen für bezahlte Gebühren. Am Check-in-Schalter kann das sehr hilfreich sein. Oft entscheidet aber direkt auch das Bodenpersonal, ob und wieviel man das vorgegebene Gewichtslimit ohne Aufpreis überschreiten darf.
- Buchen Sie wenn möglich Direktflüge. Zwischenlandungen erhöhen das Risiko, Gepäck zu verlieren. Billigflüge mit drei Zwischenstopps können so wiederum teuer werden.
- Manchmal kann man die Laufräder in Taschen mit an Bord nehmen. Diese kann man sicher hinter der letzten Sitzreihe verstauen.
- Luft aus den Reifen lassen, Wasserflaschen leeren. Umwickeln Sie den Rahmen mit Luftpolsterfolie, um den Lack vor Kratzern und Beschädigung zu schützen. Kleben Sie jede Menge Aufkleber »Zerbrechlich/Fragile« darauf. Benützen Sie eine Fahrradtransporttasche.
- Fliegen Sie Businessclass, um mehr Gewicht mitnehmen zu dürfen und schreiben Sie sich in Vielflieger-Programme ein, um deren Vorteile genießen zu können.
- Mehr Informationen, wie, wohin und mit wem Sie fliegen sollten, gibt es auf der Website »Travel with Bicycles – Airline Experiences« unter www.GFOnline.org/BikeAccess/airlines.cfm

Mit dem Auto

Mit dem eigenen Auto kann man zu jeder Zeit losfahren, wohin man möchte. Wie Sie Ihr Bike am Auto befestigen, ist Ihre Sache. Inzwischen basteln sich einige Enthusiasten ihren eigenen Bikehalter, aber es gibt jede Menge Biketräger zu kaufen. Fragen Sie in ihrem Bike-

Shop, welches System am besten zu Ihrem Bike und Ihrem Auto passt.

Mit dem Bus

Nur wenige Länder bieten einen Biketransport am Bus an. Der Bus ist dann vorne oder hinten mit einem Halter ausgestattet, auf dem man sein Bike befestigt, bevor man zahlt. In Ländern der Dritten Welt wird das Rad oft auf dem Dach auf (oder unter!) das restliche Gepäck gestopft.

Mit dem Skilift

Die großen Skigebiete dieser Welt haben sich auf andere Sportarten umgestellt, wenn der Schnee geschmolzen ist, darunter auch auf Mountainbiken. Warum sollte man sich bergauf plagen, wenn man gemütlich im Sessellift auf den Berg gondeln kann – und dann den ganzen Tag Downhills vor sich hat?

Mit dem Zug

Erkundigen Sie sich zuvor bei den entsprechenden Beamten oder den Reiseveranstalter, in welchen Zügen und zu welchen Zeiten man sein Rad mitnehmen darf. Dies ist vor allem wichtig bei Nahverkehrsmitteln – und hier vor allem zu den Stoßzeiten.

Bikes mieten

Die Qualität und Auswahl von Bike-Verleihstationen hängt von der Nachfrage ab. Oft ist es umständlich, sein eigenes Rad um die halbe Welt zu schippern, ganz zu schweigen von den zusätzlichen Kosten und der Gefahr, es zu beschädigen. Da ist es leichter, ein Bike vor Ort zu mieten. In Ländern mit ausgeprägter Fahrradkultur – wie Großbritannien und den meisten europäischen Staaten – kann man sogar Kinderanhänger, Bekleidung und Zubehör mieten. Kümmern Sie sich vor der Reise um das Mietequipment, um sicher zu gehen, dass Sie das Material erhalten, das Sie benötigen.

Auch wahre Bike-Enthusiasten wollen nicht immer ihr Bike und die gesamte Ausrüstung im Urlaub mitschleppen und mieten lieber das Rad vor Ort. Da Mountainbiken immer beliebter wird, steigt auch in Urlaubsgebieten das Angebot von Mietstationen und Veranstaltern von Touren.

Exotische Touren

Egal, ob man durchs schwärzeste Afrika oder die Berge Nordamerikas fährt, jede Tour ist ein Abenteuer.

»Big Five« Biking

Wo? Mashatu Game Reserve, Tuli Block, Botswana

Warum? So erfährt man das wahre Afrika vom Sattel eines Fahrrads aus und legt große Strecken durch den Busch auf den Spuren der wilden Tiere zurück.

Wann? März-September

Unterkunft: Luxus-Zeltcamp, alles inklusive (Tagesgebühr für Bike-Ausflüge, wenn es unter 10 Biker sind). Touren für Einsteiger möglich. Tagestouren – und eine Zweitagestour mit 40 Kilometern – gibt es beim Motloutse-Fluss, wo man in Tswana bei den Motloutse-Ruinen übernachtet.

Info: Joanne Lewis, Tel. 0027-11-789-2677, Fax 0027-11-886-4382, E-Mail: mashatures@malamala.com

Internet www.mashatu.com

Adresse PO Box 2575, Randburg, Johannisburg, Südafrika 2125

Mountain Madness

Wo? Küstengebirge und Rocky Mountains, British Columbia, Westküste Kanada.

Warum? 2000 Kilometer durch mehrere Bergketten in 27 Tagen. Jede Menge weitere Aktivitäten und Tierwelt. Das Gebiet wechselt von Meereshöhe bis zu 3000 m über Null, mit einem langsamen Anstieg von etwa 10 Grad und ein paar ruhigen Abschnitten.

Wann? Auf den Pässen der westlichen Berge schmilzt der Schnee erst Ende Juni, und bis man im Juli zu den östlichen Pässen kommt, ist der Schnee dort auch weg. Organisierte Touren gibt es bis Ende August, es gibt auch kürzere Trips im Angebot.

Unterkunft Im Zelt, alles inklusive (zusätzlich eine kleine Mietgebühr fürs Bike). Gepäck wird transportiert.

Info John Igurjonsson (Canadian Trails Adventure Tours), Tel. 001-519-352-0883, Fax 001-519-352-2415, E-Mail: canadiantrails@msn.com

Internet www.canadiantrails.com

Adresse Suite 153, 162-2025 Corydon Avenue, Winnipeg, Manitoba, Canada R3P 0N5

Vulkan-Touren

Wo? Iztaccihuatl und Citlaltéptl (Pico de Orizaba) Vulkane, Puebla und Veracruz, Mexiko

Warum? Um die einmaligen Downhills von Mexikos höchsten Vulkanen zu erleben. Man durchstreift Iztaccihuatl und Pinienwälder sowohl wie arktische Tundra über 4000 Meter Höhe. Erleben Sie ein Höhenabenteuer beim Downhill von 3000 Metern auf den Hängen des Pico de Orizaba an den Grenzen zu Puebla und Veracruz.

Wann? Oktober-Mai

Info Luis Reyes (Servimont), Tel. 001-245-15009, Fax 001-245-15019, E-Mail: 74173.2642@compuserve.com

Internet www.servimont.com.mx

Adresse Calz. Jesus Ortega, #15 Tlachichuca, Pue 75050

Wo? Mount St. Helens National Volcanic Monument, Washington State, USA

Warum? Dort gibt es nur wenige Trails für Mountainbiker. Man befindet sich hoch über der Ebene, unter einem die Ströme des Gletschers St. Helens. An einer Stelle fällt ein Wasserfall tief in ein baumbestandenes Tal. Eine andere Tour führt in die eruptive Zone.

Die zerklüftete Gebirgslandschaft der australischen Blue Mountains bildet ein wahres Bike-Paradies.

Wann? Mai-August (Sommer auf der Nordhalbkugel)
Unterkunft Es gibt mehrere Campingplätze
Info Mount St. Helens National Volcanic Monument, Tel. 001-360-247-3900

Heli Biking

Wo? Mike Wiegele Helicopter Skiing, Blue River, British Columbia, Kanada
Warum? Heli-Biking ist Teil des Angebots des Skigebiets Blue River im Sommer, rund 600 Kilometer nördlich von Vancouver. Diese spektakuläre, rund 7700 Quadratkilometer große Gebiet ist das pure Mountainbikevergnügen.
Wann? Juli-September
Unterkunft Holzhütten-Appartments am Ufer des Eleanor-Sees und Blockhütten mit moderner Versorgung
Info Mike Wiegele Helicopter Skiing, Tel. 001-250-673-8381, gebührenfrei (Nordamerika) 1-800-661-9170, Fax 001-250-673-8464, E-Mail: mail@wiegele.com
Internet www.wiegele.com
Adresse PO Box 159, Blue River, BC – V0E 1J0

Rieisge Sandebenen und entlegene Landschaften: Die Wüsten Amerikas bieten für Biker unendliche Abenteuer.

Bei Trips in exotischen Ländern bietet das Bike als Transportmittel durchaus eine Alternative zu anderen Verkehrsmitteln.

Kontaktadressen

Europa

Deutschland

Bike – Das Mountainbike-Magazin
- Steinerstraße 15, 81369 München
- Tel. 089/7296020
- Fax 089/72960240
- E-Mail: bikeMag@bike-magazin.de
- Website: www.bike-magazin.de

BDR Bund Deutscher Radfahrer
Otto Fleck Schneise 4, 60528 Frankfurt
- Tel. 069/9678000
- Fax 069/96780080
- Website: www.bdr-online.org

Frankreich

FEDERATION FRANCAISE DE CYCLOTOURISME
- 8 Rue Jean-Marie Jego, 75013 Paris

FEDERATION FRANCAISE DE CYCLOTOURISME
- Tel. 0033/1/3946-3919
- Fax 0033/1/34416-8899

LE TOUR VTT, SAINT ANTHEME
- Tel. 0033/1/3913-3322

Italien

BICI DA MONTAGNA MAGAZIN
- Via Dell Maratona 66, 00194 Rom
- Tel. 0039/0636/30-9977
- Fax: 0039/6/30-9950
- E-Mail: bdm@cycling.it
- Website: www.cycling.it

Portugal

BIKE MAGAZINE
- Rua Sacadura Cabral, 26, 30 1495 Dafundo
- Tel. 00351/1/414-9900
- Fax 00351/1/414-0327
- E-Mail: motorpress@mail.telepac.pt

Schweiz

MOVE MAGAZIN
- Tel. 0041/31/388-7272
- Fax 0041/31/388-7270
- E-Mail: move@fischermedia.ch
- Website: www.move.ch

Union Cycliste Internationale
- 37 Route de Chavannes, 1007 Lausanne, Schweiz
- Tel. 0041/21/622 0580
- Fax: 0041/21/622 0588
- Website: www.uci.ch

Großbritannien

England

BRITISH MOUNTAIN BIKING (BMB)
- Cycling Centre, 1 Stuart Street, Manchester, M11 4DQ
- Tel. 0044/161/223-2244
- Fax 0044/161/223-0592

MOUNTAIN BIKE RIDER (MBR) MAGAZINE
- Tel. 0044/20/8774-0811
- Fax 0044/20/8686-0947
- E-Mail: mbr@ipcmedia.com

MOUNTAIN BIKE ROUTES UK
- Tel. 0044/1460/74488
- E-Mail: MBRUK@aol.com

Nordamerika

Kanada

ONTARIO CYCLING ASSOCIATION
- Tel. 001/416/426-7242

ALBERTA BICYCLE ASSOCIATION
- Tel. 001/780/427-6352
- Fax 001/780/427-6438
- Website: www.albertabicycle.ab.ca

CYCLING BC
- 332-1367 West Broadway, Vancouver, BC V6H 4A9
- Tel. 001/604/737-3034
- Fax 001/604/737-3141
- E-Mail: office@cycling.bc.ca
- Website: www.cycling.bc.ca

CANADIAN CYCLING ASSOCIATION
- Tel. 001/613/748-5629
- Fax 001/613/748-5692

NORTH SHORE MOUNTAIN BICYCLING ASSOCIATION (NSMBA)
- Website: www.nsmba.bc.ca

Vereinigte Staaten von Amerika

INTERNATIONAL MOUNTAIN BICYCLING ASSOCIATION (IMBA)

- Tel. 001/303/545-9011
- Fax 001/303/545-9026
- E-Mail: info@imba.com
- Website: www.imba.com

NATIONAL OFF-ROAD BICYCLING ASSOCIATION (NORBA)
- Website: www.usacycling.org

INTERNATIONAL BICYCLE FUND (IBF)
- 4887 Columbia Drive South Seattle, WA 98108, USA
- E-Mail: intlbike@scn.org

Afrika

Madagaskar

ECOBOUND
- Tel. 0027/44/871-4455
- Fax. 0027/44/871-2274
- E-Mail: ecobound@pixie.co.za
- Website: www.george/ecobound.co.za

Namibia

NAMIBIAN CYCLE FEDERATION (NCF)
- Tel. 00264/61/237728
- Fax 00264/61/23-8880
- E-Mail: muirc@wce.com.na
- Website: www.namibian.com.na/cycling.html

Südafrika

SOUTH AFRICAN MOUNTAIN BICYCLE ASSOCIATON (SAMBA)
- Tel. 0027/82/651-8677
- Fax 0027/41/367-3021
- E-Mail: lrossouw@global.co.za
- PO Box 28204, Sunridge Park 6008, South Africa

PEDAL POWER ASSOCIATION (PPA)
- Tel. 0027/21/689-8420
- Fax 0027/21/689-8490
- E-Mail: info@pedalpower.org.za
- Website: www.pedalpower.org.za
- PO Box 665, Rondebosch 7701

RIDE MAGAZINE
- Tel. 0027/11/803-2040
- Fax 0027/11/803-2022
- E-Mail: aftrac@global.co.za
- Website: www.ride.co.za

Zimbabwe

HARARE MOUNTAIN BIKE CLUB (HMBC)
- Tel. 00263/4/74-4386
- E-Mail: angiec@miekles.co.zw
- 151, The Chase, Mount Pleasant, Harare, Zimbabwe

Asien

Tibet/Nepal

HIMALAYAN ADVENTURES
- Tel./Fax 0027/11/794-1348
- E-Mail: jillpersson@netactive.co.za
- PO Box 454, Honeydew 2040, South Africa

Australien

WESTERN AUSTRALIA MOUNTAIN BIKING ASSOCIATION
- Website: www.wamba.asn.au

PERTH MOUNTAIN BIKING CLUB
- Website: www.wamba.asn.au/pmbc/index.html

BICYCLE VICTORIA
- TEL. 0061/3/9328-3000

BICYCLE NEW SOUTH WALES
- TEL. 0061/2/9283-5200

FREEWHEEL MAGAZINE
- TEL. 0061/3/9690-9065
- FAX 0061/3/9690-9068
- E-Mail: freewheel@enternet.com.au
- 79 Canterbury Road, Middle Park, Victoria 3206

AUSTRALIAN TRAVEL INFORMATION EXCHANGE
- Website: www.atie.com.au

OUR AUSTRALIA
- Website: www.pecan.com.au/ouraustralia/index.html
- Website: www.alltrails.com.au
- Website: www.bicyclingaustralia.com
- Website: www.morning.com.au/go/wildtrails

Neuseeland

DEPARTMENT OF SOCIAL AND CULTURAL COMMISSIONING, WELLINGTON CITY COUNCIL
- Tel. 0064/4/801-3627
- PO Box 2199, Wellington, New Zealand

THE KENNET BROTHERS
- Tel. 0064/4/449-6376
- Website: www.mountainbike.co.nz
- Website: www.kennett.co.nz
- PO Box 11310, Wellington, New Zealand

Erläuterungen

26"-Laufräder Standardgröße für Mountainbike-Laufräder, 26 Zoll Durchmesser.

Absprung Stelle, an der man bei einem Sprung den Boden verlässt.

Adrenalinstoß Euphorie, die man erlebt, wenn das Gehirn bei aufregenden Erlebnissen Adrenalin in das Blutsystem abgibt, wodurch der Puls stark ansteigt.

Aerob Aktivitätszustand des Körpers bei dem für die Verbrennung zur Energieerzeugung ausreichend Sauerstoff zur Verfügung steht

Air Time Zeit, die man bei einem Sprung in der Luft verbringt.

Anaerob Aktivitätszustand des Körpers bei dem für die Verbrennung zur Energieerzeugung nicht ausreichend Sauerstoff zur Verfügung steht. Normalerweise bei sehr intensiver Belastung.

Anlieger Kurven mit erhöhten Rändern (auch: Steilkurven) für höhere Kurvengeschwindigkeit.

Antrieb Komponenten, die die Kraft vom Pedal zum Hinterrad übertragen.

Aufsetzen Fuß aufsetzen, um Bike (meist in der Kurve) zu stabilisieren (auch Ausleger).

Besenwagen Gefährt oder Fahrer ganz am Ende einer Gruppe, der sich um Nachzügler kümmert. Immer letzter Punkt eines Rennfeldes oder Veranstaltung.

Big Air Szeneausdruck für hohe Sprünge.

Briefing Besprechung vor einem Rennen für die Fahrer, bei denen auf die Besonderheiten der Strecke hingewiesen wird.

Burnout Wörtlich: Ausbrennen. Übertraining, wenn die Trainingsbelastung ohne einzuplanende Ruhepausen zu einer Überlastung führt.

Butted Unterschiedliche Wandstärken von Rahmenrohren zwischen Enden und Mitte. Sorgt für Gewichtsersparnis und ergibt ein »lebendiges« Gefühl des Rahmens.

CamelBak™ Trinksystem als Rucksack, das ohne Hände zu benützen ist.

Cantilever Inzwischen veraltete Felgenbremsen, bei denen Reibung erzeugt wird, indem Bremsschuhe gegen die Felge drücken. Betätigt durch ein zentrales Bremskabel, das sich in ein Kabeldreieck aufzweigt.

CE Zertifikat Europäisches Sicherheitszertifikat für verschiedene Konsumprodukte, darunter auch Fahrradhelme.

Chamois Leder des Sitzpolsters in Radhosen, inzwischen oft (pflegeleichteres) Kunstleder.

Cleat Metallteil in der Schuhsohle, das in ein Klickpedal einrastet.

Cruiser Ursprünglich Bikes der Firma Schwinn mit geschwungenem Hauptrahmen, gut für Freizeitradfahrer.

Dicke Gänge Schwere Gänge mit großer Kraft treten.

Disc brakes Scheibenbremsen. Bremstyp, bei dem eine an der Nabe befestigte Scheibe durch die Reibung von zwei oder mehr Bremsklötzen verzögert wird. Mechanische oder hydraulische Funktionsweise.

Downhill Run Lauf eines offiziellen Downhill-Rennens (Abfahrt).

Downhill-Lenker Hochgezogener Lenker für entspanntere Sitzposition, ursprünglich aus dem Downhill-Sport.

Dreifach gekreuzt Konstruktionsform eines Laufrads, bei dem sich drei Speichen kreuzen.

Drop offs Szeneausdruck für Stufen oder Absätze im Gelände.

Eingehen (blowing up) Wenn ein Fahrer einen Leistungseinbruch erleidet (meist im Rennen).

Eingraben Gewichtsverlagerung für optimale Traktion.

Fat Tire Oder Fat Tyre. Steht für Mountainbikes oder Bike-Festivals. Wird auch benützt, um Mountainbikes von Straßenrädern zu unterscheiden, oder das Gelände und die Reifenwahl. Fat steht für »dicke Reifen«.

Federgabel Gabel am Fahrrad, die durch ihre Konstruktion Stöße und Schläge verringern soll.

Feld Alle Fahrer, die zu einem Rennen starten.

Freizeitfahrer Gelegenheitsradfahrer ohne Rennambitionen.

Gänge Wird bestimmt durch die Anzahl der Zahnräder. Drei Kettenblätter vorne mal sieben Zahnkränze hinten ergibt 21 Gänge.

Gelände lesen Auf einem holprigen Weg die angenehmste Spur erkennen und fahren.

Gewichtsverteilung Anteil des Körpergewichts über dem Vorder- und Hinterrad. Bei normaler Fahrposition liegen 60% hinten, 40% vorne.

Gezogen, gefräst Herstellungsweise von Rohren für den Rahmenbau.

GoreTex™ Kräftiges und warmes Spezialmaterial (Membran) mit wasserabweisenden und isolierenden Eigenschaften.

GPS Global Positioning System. Elektronisches Orientierungssystem, das mit Hilfe von Satellitennavigation arbeitet.

Gruppe *Rennen*: Ansammlung von Rennfahrern, die durch gleiches Renntempo zusammenbleiben.

Gruppe *Technik*: Angebaute Komponententeile wie Gangschaltung, Bremsen, Naben, Kurbeln u.a., außer Rahmen, Sattel und dem Lenker.

Hardtail Bike mit Federungssystem vorne (Federgabel), hinten ungefedert.

Heckfederung Bewegliche Aufhängung des Hinterrads um eine Federung bzw. Dämpfung einbauen zu können.

Höhe Höhe über dem Meeresspiegel

Hybrid Mischform aus zwei Fahrradtypen, meist Mountainbike und Straßenbike. Ehemalige Bezeichnung für Trekkingbikes.

Kadenz Kurbelumdrehungen pro Minute (RPM).

Kaltgeschmiedet Teile werden aus kaltem Metall herausgepresst. Stabiler, weil die Molekülanordnung unverändert bleibt.

Kartoffelchip Laufrad, das aus der Form gesprungen ist (ähnelt einem Kartoffelchip).

Kettenblätter Vordere Zahnräder, die an der Kurbel befestigt sind und die Kette antreiben.

Kraftübertragung Die Übertragung der Kaft von den Beinen des Fahrers zum Hinterrad, um eine Vorwärtsbewegung zu erzielen.

Kurs abgehen Rennkurse werden oft zu Fuß inspiziert, um schwierige und gefährliche Stellen besser einzuschätzen und im Rennen absolvieren zu können.

Laktat Milchsäure, Abfallprodukt des Muskels durch anaerobe Belastung.

Legierung Metall, das aus verschiedenen Komponenten besteht.

Lenkerhörnchen Zusätzliche Teile am Lenkerende, die mehr Griffvariationen erlauben und damit auch zu mehr Fahrkomfort führen.

Linie fahren Eine bestimmte Fahrspur wählen und beibehalten. Fahrer, die im Rennen von hinten überholen wollen, rufen oft »rechts« als Zeichen, dass der überholte Fahrer rechts bleiben soll.

Pace Bestimmtes Tempo im Rennen, Geschwindigkeitsvorgabe.

Packtaschen Am Rad zu befestigende Transporttaschen, für Touren oder Stadtverkehr.

Pedalkäfig Umrandung eines Pedals, die Trittfläche.

Power Szeneausdruck für Kraft kombiniert mit Geschwindigkeit.

Pulstraining Einschätzung der Belastung durch die Zahl der Herzschläge pro Minute, Messung meist mit elektronischen Geräten.

Pumpen Pedale nur von oben nach unten stampfen, anstatt eines »runden Tritts«.

Qualifikationslauf Vorlauf, um sich für das Finale eines Rennens zu qualifizieren (meist Downhill).

Radialeinspeichung Speichen verlaufen radial (strahlenförmig) von der Nabe zur Felge und überkreuzen sich dabei nicht. Meist nur im Vorderrad üblich.

Rahmensatz Rahmen des Fahrads ohne die angebauten Komponenten, oft bereits mit Tretlager ausgestattet.

Rahmenwinkel Die Winkel, in denen sich die Rahmenrohre treffen. Ausschlaggebend für das Handling und die Fahreigenschaften des Rads.

Rennrad Rad mit tiefgezogenem Lenker, dünnen Reifen, Übersetzung für hohe Geschwindigkeit.

Schnellspannachse Achse durch die Nabe, die mit einem Hebel (Schnellspanner) geöffnet und geschlossen wird.

Schräglauf Gangkombinationen (vorne groß, hinten klein und umgekehrt) bei denen die Kette schräg läuft.

Sitzrohr Rahmenrohr in dem die Sattelstütze befestigt ist.

Snell 95 Zertifikat Eines der besten Prüfzertifikate für Fahrradhelme. Wird ausgestellt von der Snell Memorial Foundation, hat seinen Namen von Johnny Snell, der 1960 an den Folgen seiner Kopfverletzungen durch einen Verkehrsunfall starb.

SPD Shimano Pedalling Dynamics. Namensgebung der Firma Shimano für ihr Pedalsystem. Generelle Bezeichnung für Klickpedale, bei denen eine Sohlenplatte in Halteklammern einrastet.

Spindel Tretlagerachse, an der die Kurbeln befestigt sind.

Spinning Treten mit hoher Kadenz (mehr als 100 Umdrehungen pro Minute).

Toe in Einstellung der Bremsklötze, so dass der vordere Teil die Felge zuerst berührt. Erhöht die Bremsleistung und verhindert Quietschen und Rubbeln.

Tretlager Achse und Lager im unteren Bereich des Rahmens, an denen die Kurbeln befestigt sind.

Tritt 360-Grad-Umdrehung der Kurbel, oft Pedaltritt.

Übersetzungsverhältnis Verhältnis aus der Division der Zähnezahl des Kettenblatts (vorne) und des Zahnkranzes (hinten). Je größer die Zahl, desto schwerer ist der Gang.

Umwerfer (Schaltwerk) Bewegt die Kette von einem Zahnrad zum anderen.

V-Brakes Moderne Felgenbremsen mit aufrechten Bremsarmen, die vom Kabelzug ohne Gegenhalter von der Seite angesteuert werden.

Vert Abkürzung für Vertikal, steile Abfahrten und Drop offs (siehe auch dort).

Verzahnung Die Verbindung zweier Bauteile mit Einkerbungen, die ein Verdrehen oder Verrutschen verhindert und eine sehr stabile Verbindung ermöglicht.

Wash out Szeneausdruck, wenn das Vorderrad (oder Hinterrad) die Traktion verliert und wegrutscht (auch »wipe out« genannt).

Wheelie Das Fahren auf dem Hinterrad, das Vorderrad befindet sich in der Luft.

Zahnkranz Zahnräder an der hinteren Nabe.

Zeitfahren Einzelrennen gegen die Uhr.

Stichwortverzeichnis

Fotonachweis

Atra Corporation: S. 8 (unten); Bob Allen: Titel, S. 8 (oben links), 10, 23 (unten), 39, 46 (unten), 91 (oben); Sergio Ballivian: S. 6, 38 (oben); Roger Brown: S. 22, 25, 34 (oben), 91 (unten); Cannondale: S. 12, 13, 16 (unten), 68, 86 (oben); Roger de la Harpe/Africa Imagery: S. 86 (unten); Ronny Kiaulehn: S. 19; Jacques Marais: S. 42, 61; Tandem association/Abraham Patrick und Faivre Hervé: S. 86 (oben).